DAS GEBOGENE RECHT

EDITION LADENBURG

GERLINDE HRABIK / FRIEDRICH LIND

DAS GEBOGENE RECHT

Lügen, Vertuschung und Rechtsbruch der Stadt Wien

DAS GEBOGENE RECHT

EDITION LADENBURG
Wien

Copyright © 2015 by GH Immobilienmakler GmbH, Wien
Gersthofer Straße 30, 1180 Wien
Tel. +43 (0)1 402 29 02, E-Mail: immobilien@hrabik.at
All rights reserved.

www.stadt-wien-skandal.at

Das Werk einschließlich aller seiner Teile ist urheberrechtlich geschützt. Jede Verwendung außerhalb der engen Grenzen des Urheberrechtsgesetzes ist ohne ausdrückliche Zustimmung des Verlages unzulässig und strafbar. Das gilt insbesondere für die Vervielfältigung, Verbreitung und öffentliche Wiedergabe in jeder Form, einschließlich einer Verwertung in elektronischen Medien, der reprografischen Vervielfältigung, einer digitalen Verbreitung und der Aufnahme in Datenbanken, Übersetzung und der Einspeicherung und Verarbeitung in elektronischen Systemen.

INHALTSANGABE

VORWORT
So missachtet die Stadt Wien die Rechte ihrer Bürger

9

PROLOG: EIN FALL MIT GROSSER WIRKUNG
Ein Gesetz, das so nicht beschlossen wurde

15

LIEBE AUF DEN ERSTEN BLICK
Im Kleingarten waren wir Greenhorns

25

VOM HAAS-HAUS AUF DEN SCHAFBERG
Warum unser Schicksal an das Hans Holleins erinnert

35

APOCALYPSE NOW
Wie der Kampf um unser Haus begann

47

DAS GEBOGENE RECHT

RECHT MUSS RECHT BLEIBEN
Eine Armada von Anwälten bringt sich in Stellung

55

CHRONOLOGIE EINES SKANDALS
Über 30 Verfahren gegen die Stadt Wien,
ein verfassungswidriges Gesetz, Lügen, Vertuschung und
Rechtsbruch der Stadt Wien

61

WAS BEDEUTET DAS KONKRET?
Neun Punkte gegen die Stadt Wien

123

DIE CAUSA GEBLERGASSE
Wie die Stadt Wien rechtswidrig zum eigenen Vorteil
Ausschreibungen umgeht

129

DER ALTE (BAU)SÜNDER
Wie Wiens Wohnbaustadtrat Ludwig das Gesetz bricht – ein
politischer Skandal

133

EIN RECHTSSTAATLICHER SKANDAL
Wie Doyen Werner Sporn diesen Fall sieht:
„Eine ungeheuerliche Blamage für den Gesetzgeber"

137

WIE ENTSCHEIDEN HÖCHSTGERICHTE?
Über den Formalismus des Verfassungsgerichtshofs

149

PSYCHOTERROR
„Jetzt fahren wir mit den Baggern an"

157

DIE QUALITÄT DES LEBENS: WAS IST ZEIT?
Ist das Leben nicht zu schade, um es mit Konflikten zu verbringen?

165

DAS GEBOGENE RECHT

IST ES DAS ALLES WERT?
Schlaflose Nächte, Migräne, Tränen, Trauma

173

EIN GESETZ ALS WAFFE
Wie die Baupolizei Exempel statuiert

181

IST DA JEMAND?
Wenn eine Stadt plötzlich untertaucht

185

WOLLEN WIR EINE SOLCHE POLITIK?
Das Kreuz an der richtigen Stelle

189

DAS GEBOGENE RECHT

VORWORT

„Auch die Gerechtigkeit trägt eine Binde.
Und schließt die Augen jedem Blendwerk zu."
Johann Wolfgang von Goethe
(1749–1832)

Seit 13 Jahren kämpfen wir gegen einen übermächtigen Gegner: die Stadt Wien und ihre willfährigen Handlanger. Es geht um Gerechtigkeit, Fairness, vor allem aber um Rechtsstaatlichkeit. Denn was sagt das Recht eines Landes darüber aus, wenn seine politischen Entscheidungsträger und Beamten bewusst Fehler in Gesetzgebungsakten vertuschen, Höchstgerichte falsch informieren und unbescholtenen Bürgern damit drohen, ihr Heim abreißen zu lassen, nur weil sich diese politische Willkür nicht gefallen lassen und sich gegen rechtlich falsche Entscheidungen juristisch entschieden wehren?

EIN ARMUTSZEUGNIS FÜR WIEN.

Wir haben um die Jahrtausendwende am Schafberg in Wien auf zwei Kleingartenparzellen zwei gekuppelte Häuser gebaut, die von der Größe, Höhe und Kubatur allen gesetzlichen Auflagen entsprechen. Unser einziger Fehler war: Wir haben, um den Wald auf unserem Grundstück zu schützen, zwei Meter weiter südlich als am Plan vermerkt gebaut. Dazu mussten wir, lange bevor wir zu bauen begonnen haben, das Gelände leicht begradigen, sonst läge unser Erdgeschoss im Keller. Was bei Hunderten anderen Kleingartenhäusern in Wien kein Problem darstellt, wurde uns zum Verhängnis. Der Grund dafür ist simpel: Unsere beiden Häuser sehen größer und imposanter aus als andere. Das war den sozialdemokratischen Funktionären ein Dorn im Auge. Und so wurden wir zum Präzedenzfall, bei dem man ein „Bonzenhaus" medienwirksam abreißen lässt, wenn es nach der Stadt Wien und ihren Behörden ginge. Die Abrissbirne als Symbol an alle Wienerinnen und Wiener, dass der Kleingarten noch immer die Domäne der SPÖ-Wähler ist und ein Unternehmerehepaar darin nichts verloren hat, wenn sein Haus nicht der gewünschten Kleingarten-Ästhetik entspricht.

Seit 13 Jahren kämpfen wir auf zahlreichen juristischen Fronten gegen die Stadt Wien, haben Dutzende Verfahren geführt und uns mit exzellenten juristischen Beratern gegen das Unrecht zur Wehr gesetzt, auf Basis dessen die Stadt Wien unser Haus abreißen will. Das gesamte Fundament ihrer Argumentation fußt auf einem Passus aus dem Wiener Kleingartengesetz, bei dem wir zweifelsfrei und selbst für juristische Laien nachvollziehbar nachweisen konnten, dass dieser niemals im Landtag beschlossen wurde. Ein Paragraf, der nicht beschlossen wurde. Ein Gesetz, dass dadurch – so renommierte Sachverständige und Gelehrte – niemals rechtwirksam wurde und somit nichtig ist. Eine Stadt, die das mit allen Mitteln vertuschen will. Es liest sich wie ein Krimi, und doch ist es uns real passiert.

So missachtet die Stadt Wien die Rechte ihrer Bürger.

In diesem Buch geht es aber nicht in erster Linie um unseren Fall. Es geht um die Selbstverständlichkeit, mit der politische Entscheidungsträger und willfährige Helfer auf Beamtenebene in vorauseilendem Gehorsam die Rechte unbescholtener Bürger mit Füßen treten. Es geht um politische Arroganz von Politikern, die seit Jahrzehnten ohne funktionierendes Korrektiv an der Macht sind. Es geht um Machtspiele, die sich ideal für mediale Kampagnen eignen. Nicht in Moskau oder Pjöngjang, sondern in Wien.

Es geht um Machtlosigkeit und Ohnmacht. Es geht um Gerechtigkeit und nicht um einen Gefallen.

Als wir vor über einem Jahrzehnt begonnen haben, um unser Haus zu kämpfen, nahmen wir anfangs die Angelegenheit nicht allzu ernst. Zu unglaublich erschien es uns aufgrund der Fakten, dass Recht nicht Recht sein sollte und die Sache nicht innerhalb kurzer Zeit auf Basis der rechtlichen Möglichkeiten erledigt werden könnte. Rund 13 Jahre später, nach juristischen Schlachten auf allen Ebenen gegen einen übermächtigen Gegner, bekam der Streit um unser Zuhause Ende 2014 eine auch für uns eine neue Dimension.

Wir hatten ein extrem unangenehmes Gefühl. Eine Empfindung, die uns auch im Berufsleben – beide Unternehmer in der Immobilienbranche – bislang ziemlich unbekannt war. Wer uns kennt, weiß, dass wir auch in schwierigen Situationen einen ruhigen Kopf behalten.

Mit einem Mal spürten wir eine Ohnmacht und Hilflosigkeit, die auch für uns neu war. Zu wissen, dass man objektiv im Recht ist, aber erkennen zu müssen, dass der Gegner sich einfach locker darüber hinwegsetzen kann – und das auch schamlos tut –, ist eine Erkenntnis, die nicht leicht zu verkraften ist. Ein Gegner, der bis zur knallharten Lüge alle Mittel einsetzt, um einen ins Eck zu drängen. Und es bleibt dir kein Instrument, um dich zu wehren. Wir hätten nie geglaubt, dass dies in einem mitteleuropäischen Rechtsstaat anno 2015 möglich ist.

Gerlinde litt durch den jahrelangen Kampf auch gesundheitlich. Am meisten aber unter der ständigen Sorge, ihr Heim zu verlieren. Sie bekam zahlreiche chronische Krankheiten, die auch exzellente Ärzte bislang kaum in den Griff bekommen konnten.

Ist es das wert? Diese Frage haben wir uns nicht erst einmal gestellt. Hätten wir es nicht einfach bleiben lassen sollen, alles verkaufen und woanders neu anfangen? Hätten wir uns nicht besser damit abfinden sollen, dass die Politik in einer Großstadt mit den ihr untergeordneten Behörden jeden fertigmachen kann, der sich ihr in den Weg stellt?

Nein. Denn Recht muss Recht sein und Recht bleiben. Wenn es uns passiert, die wir aufgrund unserer unternehmerischen Tätigkeit zumindest die Mittel und Ressourcen haben, um uns zu wehren, was geschieht dann mit all den Menschen, die nicht diese Mittel zur Verfügung haben? Familien mit kleinen Kindern, die hart arbeiten müssen und ums Überleben kämpfen? Alleinstehende Menschen, Pensionisten, sozial Schwache?

Auch für sie haben wir diesen ungleichen Kampf aufgenommen, wie David gegen Goliath. Denn Willkür gegen Bürgerinnen und Bürger darf nicht einfach hingenommen werden. Nicht in einem so vorbildlichen Land wie Österreich, nicht in einer Weltmetropole wie Wien. Wenn Unrecht zu Recht wird, ist Verteidigung Pflicht.

Wir wählen die Politiker in ihre Ämter. Wir können sie auch wieder abwählen. Dieses demokratische Mittel haben wir. Dieses Buch soll Entscheidungsträgern die Augen öffnen, was in einer Demokratie alles möglich ist. Und allen Wählerinnen und Wählern zu denken geben, bei wem sie bei der nächsten Wahl ihr Kreuz machen.

Gerlinde Hrabik & Friedrich Lind
im Sommer 2015

DAS GEBOGENE RECHT

PROLOG: EIN FALL MIT GROSSER WIRKUNG

Der erste Blick zur Klarheit.

Bevor wir Ihnen unsere persönliche Geschichte erzählen, lassen Sie uns zum besseren Verständnis einen kurzen, nüchternen Blick auf die Fakten werfen. Zwei gekuppelte Kleingartenhäuser zu bauen ist im Kleingarten keine Besonderheit. Speziell dann nicht, wenn man sich penibel an die gesetzlichen Vorschriften hält, was Größe, Höhe oder die Kubatur – also das Raumvolumen – betrifft.

In unserem Fall, der einzigartig in der österreichischen Justiz sein dürfte, geht es um zwei Punkte, die auf den ersten Blick unerheblich erscheinen:

Problem 1: Die Nichteinhaltung der Höhenlage und die Geländeveränderung.

Die Höhenlage des Grundstücks und der beiden gekuppelten Gebäude sei beim Bau um wenige Zentimeter verändert worden. Laienhaft ausgedrückt: Unser Haus schaut zu weit aus dem Gelände hervor.

Durch die Lage mitten am Berg haben die beiden Grundstücke sowohl eine Nord/Süd- als auch eine Ost/West-Neigung. Zwischen der Nordwest- und der Südostecke besteht ein Höhenunterschied von neun Metern. Anfang 1999, somit lange vor Baubeginn, wurde das Gelände von uns „begradigt", ansonsten wäre ein Bau überhaupt nicht möglich gewesen. Dafür ist im Wiener Kleingartengesetz nicht einmal eine Bewilligung erforderlich, in den Erläuterungen zum Gesetz steht auch explizit, dass die Geländeveränderung „freigegeben" wird. Auch unser Umfeld störte es jedenfalls nicht: Bis heute beschwerte sich kein einziger Anrainer über unsere Häuser oder beeinspruchte sie. Der Grund, warum sie abgerissen werden sollen, ist die „Nichteinhaltung der Höhenlage", die nicht einmal der Gesetzgeber klar, präzise und unmissverständlich für jeden nachvollziehbar im Gesetzestext definieren konnte. Mittlerweile wurde durch unseren Fall die Geländeveränderung gesetzlich limitiert, was eines klar bedeutet: dass sie vorher erlaubt war.

Mit 19. November 1999 wurde schließlich eine Baugenehmigung für die beiden Häuser, basierend auf dem begradigten Gelände, erteilt. Auf den Einreichplänen wurden seitens der Behörden keine Höhenkoten gefordert, es musste weder das alte noch das neue Gelände eingezeichnet werden, der Leiter der Magistratsabteilung 37 für den 18. Wiener Gemeindebezirk als auch der Werkmeister besichtigten den Bauplatz sogar vor Ort. Das war kein Einzelfall, sondern wurde auch von allen anderen Bezirksabteilungen der MA 37 so gehandhabt.

Trotzdem wurde diese „Geländeveränderung" in folgenden Verfahren zu einem der beiden Gründe, warum unser Haus abgerissen werden sollte.

Jedoch konnten unsere Anwälte eindeutig beweisen:

- Die Bestimmung im Wiener Kleingartengesetz, die die Höhenlage regelt, wurde nie im Wiener Landtag so beschlossen, wie sie heute im Gesetz steht, sie erlangte somit auch nie Rechtskraft und gilt daher schlichtweg nicht.

Der politische Skandal: ein Gesetz, das so nicht beschlossen wurde.

Das Wiener Kleingartengesetz enthält unter § 15, Absatz (1), einen Satz, auf den sich alle behördlichen Entscheidungen stützen, der selbst jedoch – aus welchen Gründen auch immer – niemals im Landtag beschlossen wurde: „Darüber hinaus sind Baulichkeiten der bestehenden Höhenlage möglichst anzupassen." Diesen Satz gibt es in der Beschlussvorlage, mit der der Landtag am 9. August 1996 das Wiener Kleingartengesetz beschlossen hat, nachweislich nicht, was sowohl das Beschluss- als auch das Wortprotokoll der Sitzung eindeutig belegen. Besagter Satz wurde zwar in einem Ausschuss beschlossen, kam aber nie in die Regierungsvorlage, über die schließlich im Landtag abgestimmt wurde.

Damit wären sämtliche Abrissbescheide der Häuser ungültig, alle Verfahren müssten von Amts wegen wieder aufgenommen werden.

- Der emeritierte Verfassungsjurist Univ.-Prof. Dr. Siegbert Morscher, 16 Jahre lang selbst Mitglied des Verfassungsgerichtshofes, kommt in einem Gutachten zur Erkenntnis, dass deshalb und aufgrund zahlreicher weiterer Fehler wohl das gesamte „Wiener Kleingartengesetz verfassungswidrig sei".

„DAS WIENER KLEINGARTENGESETZ IST VERFASSUNGSWIDRIG!"

Auch der ehemalige österreichische Justizminister und mittlerweile bereits verstorbene Verfassungsexperte Univ.-Prof. Dr. Hans Richard Klecatsky bestätigte uns, dass „Gesetze, die nicht in der Form kundgemacht werden, wie sie beschlossen wurden, nichtig sind."

Die daraus resultierenden Folgen für Tausende Wiener Kleingärtnerinnen und Kleingärtner sind unabsehbar, insbesondere für alle, die aufgrund der Höhenlage ablehnende Bescheide erhalten haben.

Unser Fall kann sich also zur Bombe für Tausende Wiener Kleingärtnerinnen und Kleingärtner entwickeln. Denn wenn das Wiener Kleingartengesetz verfassungswidrig ist, gibt es keine Rechtssicherheit für Tausende Wiener Kleingärten. Und wenn die Stadt Wien in unserem Fall letztendlich ihren Standpunkt durchsetzen kann und überall denselben Maßstab anlegt wie bei uns, kann man gleich ein Drittel der Wiener Kleingartenhäuser schleifen. Bei uns geht es um eine durchaus zulässige Gelände- und Höhenveränderung, auch bedingt durch einen Felsuntergrund: trotzdem sollen unsere Häuser abgerissen werden, die seit über einem Jahrzehnt stehen und keinen Menschen stören.

Problem 2: Der Bau zwei Meter weiter südlich, um den Wald zu schützen.

An jenem Grundstücksteil, wo wir den Hauseingang planten, standen Bäume, deren Baumkronen jene des benachbarten Waldes berührten. Die projizierte Fläche nach unten gilt demnach als Wald. Weil wir diesen schützen wollten, bauten wir um zwei Meter weiter südlich. Eine moralisch richtige

Entscheidung, denn der Schutz von Natur und Umwelt sollte über allem stehen – doch juristisch ein weiteres Übel.

Noch vor der Erteilung der Bewilligung gab es eine Bauverhandlung wegen der Baustellenzufahrt, an der zahlreiche Magistratsabteilungen beteiligt waren. Dabei wurde uns mitgeteilt, dass Bäume im Norden unseres Grundstücks mit den Baumkronen des angrenzenden Waldes zusammenstoßen, und daher dieser Teil des Grundstücks auch als „Wald" zu klassifizieren sei. Das Problem dabei: Auf genau diesem Grundstücksteil hatten wir den Eingang des Hauses geplant. Da es ein Verbot der Beschädigung von Waldboden gibt, und wir dem entsprechen wollten, errichteten wir die beiden Häuser zwei Meter weiter südlich. Der Schutz von Natur und Umwelt liegt uns besonders am Herzen, das merkt auch jeder, der unseren Garten betritt, ein grünes Paradies voller Pflanzen und Blumen. Daher war es für uns eine moralisch klare Entscheidung.

Unser damaliger Planer, den wir dazu befragten, teilte uns mit, dass eine neue Bewilligung (die wir mit Sicherheit erhalten hätten) nicht notwendig sei, da es im Kleingarten keine Baufluchtlinien gäbe und die Errichtung der Häuser zwei Meter weiter südlich am Ende mit einem Auswechslungsplan richtiggestellt und genehmigt werden kann. Wir vertrauten einem Experten, der über 300 Kleingartenhäuser erfolgreich für seine Kunden plante. Doch seine Auskunft war falsch, was wir damals weder wissen noch erkennen konnten. Seit damals war es trotz mehr als 30 Verfahren nicht möglich, einen Baukonsens herzustellen.

Nur zur Klarstellung: Hätten wir die beiden gekuppelten Häuser – trotz des Waldes – eins zu eins einfach zwei Meter nördlich errichtet, wäre alles kein Problem. So errichteten wir die beiden Häuser weiter südlich, und ein über ein Jahrzehnt dauernder Kampf mit Politik und Behörden sollte beginnen.

Ein Exempel statuieren.

Wir nahmen in der Folge selbst und durch Berater Kontakt zu Beamten und politischen Entscheidungsträgern der Stadt Wien auf, um einen rechtmäßigen Konsens zu erreichen. Dabei wurde unseren Beratern gegenüber etwas vermittelt, was uns selbst niemals jemand offen zu sagen traute und was uns noch heute fassungslos macht: An uns sollte – Zitat – ein „exemplarisches Beispiel" statuiert werden, genauso wie bei einer Kleingartenanlage in der Schererstraße im 21. Gemeindebezirk, wo es einen ähnlichen Fall gibt. Mittlerweile ist der Fall Schererstraße auf nicht nachvollziehbare Weise ruhend gestellt. Trotz seit Jahren bestehenden Abbruch- und Vollstreckungsbescheiden werden diese nicht vollzogen. Der zuständige Wiener Stadtrat Michael Ludwig bemüht sich persönlich um eine Umwidmung des gesamten Gebiets. Eine Anlasswidmung wäre aber verfassungswidrig.

Wir hingegen sind anscheinend ideale Ziele für die sozialdemokratische Stadtpolitik: Unternehmer, selbst im Immobilienbereich tätig, keine Genossen, die zu „protzig" gebaut haben.

Dabei kam es zu unschönen, um nicht zu sagen schmutzigen Szenen und Situationen. Eine Tatsache, die wir nachweisen können: Die Stadt Wien hat dem Verwaltungs- und Verfassungsgerichtshof in unserem Fall bewusst falsche Beweismittel übergeben, um zu vertuschen, dass das Wiener Kleingartengesetz verfassungswidrig ist. Wir haben deshalb über unsere Anwälte sogar Strafanzeige gegen die Verantwortlichen bei der Stadt Wien eingebracht, das Verfahren wurde jedoch nach wenigen Tagen ohne jede Prüfung eingestellt. Es zeigt: Als „kleiner Bürger" hat man kaum eine Chance, sein Recht durchzusetzen.

Was hier passiert, ist daher nichts anderes als behördliche und politische Willkür.

Uns geht es in diesem Fall nicht um „Nachsicht", sondern nur um Recht. Denn abgesehen davon, dass das Wiener Kleingartengesetz nichtig ist und die Abrissbescheide in unserem Fall damit unwirksam, haben auch drei renommierte Sachverständige in ihren Gutachten ganz klar bestätigt, dass wir die Höhenlage eingehalten haben und die Geländeveränderung rechtens ist. Auch ohne Gesetzesfehler müssten unsere Häuser, für die es ja bereits Baubewilligungen gab, genehmigt werden. Es ist somit die Geschichte, wie die SPÖ in einer Stadt wie Wien skrupellos gegen seine Bürger vorgeht.

Aber es ist vor allem auch unsere persönliche Geschichte. Lassen Sie uns an den Anfang zurückgehen, wie alles begann.

LIEBE AUF DEN ERSTEN BLICK
Unser neues Zuhause

Es ist ein Ausblick, den man nur an wenigen Plätzen der Stadt hat. Der Schafberg in Wien ist fast 400 Meter hoch, nur sieben Kilometer vom Zentrum der Stadt und dem Stephansdom entfernt und trennt seit Ende des 19. Jahrhunderts die Bezirke Währing und Hernals. Wer auf seiner Spitze steht hat einen majestätischen Blick über die gesamte Metropole Wien. Man sieht das Riesenrad, den Stephansdom, die neu erbauten Hochhäuser, den Wienerwald.

Als wir zum ersten Mal an diesem versteckten Punkt der Großstadt standen, inmitten einer idyllischen Kleingartenanlage, verliebten wir uns sofort in diesen einzigartigen Ausblick. Es war 1998, und zwei Grundstücke standen zum Verkauf. Am 31. August 1998 unterschrieben wir den Kaufvertrag und waren mit einem Mal Eigentümer zweier Kleingartenparzellen auf dem Schafberg. Gerlinde war die treibende Kraft. Wir beide hatten ein Leben lang hart gearbeitet, und nun war es an der Zeit, etwas Gemeinsames zu schaffen.

Wir haben uns geschäftlich kennengelernt und 1998 geheiratet. Nach der Hochzeit war uns klar, dass wir zusammen ein Haus bauen möchten. In einer Firma, für die Friedrich tätig war, war der legendäre Wiener Heurigenwirt Hugo Reinprecht Aufsichtsrat. Es war eine Beteiligungsfirma, in der auch ein Partner aus der Finanzbranche saß, und der brachte Reinprecht ins Spiel.

Unsere erste Option war ein altes Haus am Nussberg mit 16.000 Quadratmeter Weingarten, das damals relativ günstig zu kaufen war. Das Objekt hatte nur einen entscheidenden Haken: Es lag mitten im Landschafts- und Naturschutzgebiet, und es gab keinen Stromanschluss und keinen Kanal. Es war zwar wunderschön, stand ganz allein am Berg, war dadurch aber auch von allen Seiten einsichtig. Man hatte einen 270-Grad-Blick über Wien, vom Bisamberg über die Donau bis in den Süden der Stadt. Ein wenig weiter lag die Angervilla, die damals König Hussein von Jordanien gehörte und später an Sultan Qabus von Oman verkauft wurde. Die Lage hätte uns wirklich gut gefallen, aber ohne Wasser, Strom und mit horrenden zu erwartenden Umbaukosten war das Objekt keine wirkliche Option. Also suchten wir weiter. Später wurde besagtes Objekt am Nussberg als „Rotes Haus" bekannt, das im restaurierten Zustand ein beliebter Veranstaltungsort wurde.

Gerlinde hatte damals ihre eigene Immobilienmaklerfirma, Hrabik Immobilien, und war eine hart arbeitende Geschäftsfrau. Sie war also ein Branchenprofi in einer Zeit, als man Häuser noch nicht über das Internet finden konnte. Man war angewiesen an die Kleinanzeigen in den Tageszeitungen, damals ein lukratives Geschäft der Medien. Gerlinde durchstöberte jeden Morgen die Immobilienseiten der „Kronen Zeitung", von „Standard", „Kurier" und den anderen Zeitungen und fand tatsächlich im Sommer 1998 eine kleine Annonce, in der zwei Kleingartenparzellen am Schafberg angeboten wurden. Sie fuhr alleine zum ersten Besichtigungstermin, traf dort die Maklerin, sah sich auf den Parzellen um und war schlicht eines: begeistert.

Obwohl es Wochenende war und wir keinen Schlüssel hatten, wollten wir trotzdem gemeinsam hinfahren und es uns zusammen ansehen. Wir können uns noch genau an den Moment erinnern, als wir zum ersten Mal gemeinsam auf der Wiese standen. Es war ein unglaubliches Panorama über Wien. Auf einer der beiden Parzellen stand eine alte Holzhütte, wie ein „Knusperhäuschen" aus einem schlechten Märchen, die Wiese war schon lange nicht mehr gemäht worden, Bäume und Sträucher ragten wild auf das Grundstück. Mitten darin wuchsen Walderdbeeren. Die beiden Parzellen gehörten einem Tierarzt, der eine Tierklinik aufgebaut hatte, Vielarbeiter und ein passionierter Privatflieger war. Ein Aussteiger, der immer wieder zwischen Terminen eine kurze Auszeit in dieser Naturidylle auf dem Schafberg nahm. Es war ein Paradies, eine grüne Oase inmitten der Großstadt Wien, wenn auch mit einer starken Hangneigung von 27 Prozent. Der Entschluss war rasch gefasst: Hier wollen wir unser Zuhause bauen.

Wir einigten uns mit dem Eigentümer, der aus seinem Beruf als Tierarzt sukzessive aussteigen wollte, um sich auf einen Bauernhof in Klosterneuburg zurückzuziehen. Er verkaufte an eine von Gerlindes Gesellschaften, die GH Immobilienmakler GmbH – GH stehen für ihre Initialen Gerlinde Hrabik –, die beiden Grundstücke für einen fairen Preis. Heute sind Kleingartenflächen in Toplagen selten zu kaufen.

Jedes Grundstück hatte 600 Quadratmeter, zusammen waren es somit 1.200 Quadratmeter, das war zwar deutlich weniger als die uns angebotenen Weinberge in Nussdorf, doch immer noch mehr als genug für zwei.

Mit der Planung ließen wir uns Zeit. Wir wollten zu Beginn des neuen Millenniums eine große Party in unserem neuen Haus schmeißen, das heißt den Jahreswechsel 1999 auf 2000 bereits auf dem Schafberg feiern. Das war unsere persönliche zeitliche Vorgabe. Es kam aber ganz anders.

Das gebogene Recht

Im Kleingarten waren wir Greenhorns.

Wir beide kommen aus der Immobilienbranche und haben uns unser gesamtes Leben mit Immobilien auseinandergesetzt. Trotzdem hatten wir zu dem damaligen Zeitpunkt nicht den Funken einer Ahnung, welche über ein Jahrzehnt dauernden Kämpfe, schlaflosen Nächte und Ängste der Kauf dieser beiden Grundstücke in den über eineinhalb Jahrzehnten danach mit sich bringen sollte. Obwohl bei Immobilien mehr als sattelfest, mussten wir feststellen, dass wir im Kleingarten Greenhorns waren, totale Laien, die keine Ahnung davon hatten, dass dort nicht dieselben Prinzipien gelten sollten wie in der gesamten übrigen Bau- und Immobilienbranche.

Wir gingen also ganz pragmatisch an die Sache heran. Wir stießen auf der Suche nach einem auf Kleingärten spezialisierten Baumeister auf einen Planer, der sich uns gegenüber rühmte, bereits über 300 Kleingartenhäuser gebaut zu haben. Ing. Reinhold D. war – nachträglich betrachtet – eine doch etwas skurrile Persönlichkeit. Aber er beeindruckte uns irgendwie, denn selbst spät abends oder beim Heurigen, wo unsere Besprechungen auf seinen Wunsch hin meist stattfanden, konnte er das Wiener Kleingartengesetz mit sämtlichen Erlässen von vorne bis hinten auswendig aufsagen. Und er galt tatsächlich auch in der Branche als anerkannter Fachmann für den Kleingarten. Jemand, der über 300 Bewilligungen erwirkt hatte, musste zwangsweise in diesem doch sehr speziellen Metier ein Experte sein, auf den man sich verlassen kann.

Wir planten fast zwei Jahre an den beiden gekuppelten Häusern und engagierten einen Wiener Architekten und eine Innenarchitektin für das Projekt. Wir hatten keine Eile, jedoch ganz konkrete Vorstellungen von dem, was wir wollten. Wir saßen viele Abende lang mit den Architekten zusammen und besprachen alle Details der Architektur, der Räume und der Einrichtung. Uns war nicht nur ein klares, strukturiertes, fast formales Design sehr wichtig, sondern auch ein aufgeräumtes, schnörkelloses Inneres. Die Farbe Weiß sollte innen und außen dominieren. Die Innenarchitektin kannten wir bereits von früheren gemeinsamen Projekten. Unsere Vorgabe war für jeden Bereich eine optimale, unseren Vorstellungen entsprechende Lösung. In der Folge wechselten wir aus verschiedenen Gründen zu einem anderen Architekten und einem Münchner Innenarchitekten.

Der deutsche Innenarchitekt ist von der Stunde null an mit deutscher Präzision an die Sache herangegangen. Er zeichnete jede einzelne Türschnalle, kam perfekt vorbereitet zu jedem Meeting und hat uns jeden einzelnen Raum in 3D designt. Dieser Prozess dauerte alleine über ein Jahr.

Der Kleingarten ist ja gesetzlich ein eigenes Biotop. Die Bewilligung bei einem Kleingartenhaus beschränkt sich nur auf die Außenhaut. Man muss nicht einmal Fenster in den Plan einzeichnen, Details sind nicht notwendig. Der Innenarchitekt plante aber so exakt, dass sogar die Fugen beim Bodenbelag, der in den Kasten im Wohnzimmer überging, eine Linie ergaben und in den Plänen eingezeichnet waren. Es wurde jeder einzelne Schritt einfach exakt geplant, nichts sollte dem Zufall überlassen werden. Schon vor Baubeginn war präzise im Detail jedes einzelne Element unserer gekuppelten Häuser festgelegt.

Die erste Reaktion der Behörden: sie gratulierten.

Auf Vermittlung des Planers nahmen wir gleich parallel zur Immobilienentwicklung erstmals mit den Behörden in Wien Kontakt auf. Unser erster Weg führte uns zu der damaligen Leitung der Magistratsabteilung 37 (kurz: MA 37), wo uns Senatsrat G. erwartete. Ein Beamter, der zweifelsohne sein Geschäft versteht, souverän und freundlich. Wir erzählten ihm von unserem Plan, zwei gekuppelte Kleingartenhäuser auf der Ladenburghöhe am Schafberg zu bauen und zu bewohnen. Seine spontane Antwort: „Ich gratuliere! Was für eine Wahnsinnslage! Mit einem solchen Ausblick gibt es nur wenige vergleichbare Häuser in Wien." Er meinte, es sei wichtig, die Fläche, Höhe und Kubatur dabei einzuhalten. „Das werden wir", war meine Replik, „genau und penibel."

Dann gab es die ersten Begehungen. Speziell bei der Frage der Zufahrt hatten wir Verhandlungen, wo die verschiedensten Magistratsabteilungen vor Ort zum Lokalaugenschein kamen. Schließlich begann der Bau, der lange dauern sollte, da es dazwischen immer wieder Baustopps gab.

Aus der Silvesterparty zur Jahrtausendwende im eigenen Heim sollte nichts werden. Zu diesem Zeitpunkt war das Grundstück noch immer jungfräulich unverbaut. Wir wollten trotzdem auf dem Schafberg feiern. Eine Stunde vor Mitternacht setzten wir uns mit einer Flasche Champagner, zwei Gläsern und Kerzen ins Auto und fuhren zu unserem Grundstück. Das Auto mussten wir beim Schafbergbad stehen lassen, denn außer uns hatten auch Scharen von Menschen die Idee, dass am Schafberg anscheinend ein besonderer Ausblick auf die Stadt Wien und das spektakuläre Feuerwerk möglich sei. Es waren Tausende Menschen auf den Straßen, alle tanzten und feierten. Gerlinde hatte auch ein kleines Radio eingepackt, damit wir den Countdown ins neue Jahr, das Läuten der Pummerin und den Donauwalzer hören konnten. Wir kämpften uns schließlich im Laufschritt durch die Massen durch und mussten das letzte Stück zu unserem Grund sogar laufen, um pünktlich anzukommen. Völlig fertig setzten wir uns ins Gras und stießen pünktlich um Mitternacht auf unser künftiges Heim an.

Erst zwei Jahre später, kurz vor Weihnachten 2002, sollten wir in das Haus einziehen können – über vier Jahre, nachdem wir die beiden Kleingartengrundstücke gekauft hatten. Es wurde ein tolles Fest. Wir luden Freunde ein und schauten uns von der Terrasse aus das Feuerwerk über Wien an. Keiner von uns ahnte zu diesem Zeitpunkt, welcher Spießrutenlauf uns erwarten sollte.

DAS GEBOGENE RECHT

VOM HAAS-HAUS AUF DEN SCHAFBERG

Warum unser Schicksal an das Hans Holleins erinnert

Unsere gekuppelten Kleingartenhäuser am Wiener Schafberg, die von außen zu einem Haus verschmelzen, sind anders. Das lässt sich nicht leugnen. Sie heben sich von den klassischen Kleingartenhäusern, wie man sie aus den Wiener Siedlungen kennt, durch ihre kühle, architektonisch interessante Optik und das strahlend-weiße Design ab. Während im Wiener Kleingarten sonst viel Holz dominiert und der eine oder andere Gartenzwerg zwischen kleinen Teichen und Windrädern steht, findet man bei uns ein hochmodernes, zweistöckiges Haus mit großer Terrasse und einer Glasfront vor, bei dem auch im Garten mit Sonnensegeln und sonstigen Elementen eine Atmosphäre herrscht, die man eher in mediterranen Städten erwarten würde. Unser Haus (und ich nenne die beiden gekuppelten Kleingartenhäuser in der Folge der

Einfachheit halber so) sieht nach vielem aus – nur nicht nach einem Kleingartenhaus.

So etwas sorgt im Wiener Kleingarten generell einmal für Skepsis. „Pompös" und „die weiße Villa" waren einige der Bezeichnungen, die schnell in der Nachbarschaft fielen. Dabei kann man über unser Haus vieles sagen, nur drei Dinge nicht: **Es ist nicht zu groß gebaut worden, es ist nicht zu hoch und auch nicht zu voluminös – die Kubatur wurde penibel eingehalten.**

Diese drei ganz wesentlichen Faktoren, dass wir uns bei Größe, Höhe und Kubatur strikt an das Wiener Kleingartengesetz gehalten haben, lassen sich nicht bestreiten. Vielleicht mag es größer und voluminöser aussehen – es ist dies aber nicht.

Und das ist die Crux seit der Errichtung unseres Hauses. Denn kaum einer wollte es anfangs glauben, jeder argwöhnte: da steht einfach eine viel zu große Villa im Kleingarten. Wir haben sogar zweimal Geometer engagiert, gerichtlich beeidete Sachverständige, die das Haus vermessen haben, um nochmals klar nachzuweisen: Es entspricht ganz exakt dem Wiener Kleingartengesetz.

Was man von zahlreichen anderen gekuppelten Häusern nicht behaupten kann. Architekturzeitschriften, aber auch der „Standard" und der „trend" (Ausgabe 3/2008) feierten beispielsweise ein dreifach (!) gekuppeltes Kleingartenhaus der Architekten querkraft in einer Kleingartensiedlung am Wilhelminenberg als architektonisches Juwel. Es hat keine Zwischenwand zwischen den Häusern, das Erdgeschoß hat jeweils 70 Quadratmeter (statt der erlaubten 50 Quadratmeter), das Vordach ist ca. drei Meter breit statt der erlaubten 70 Zentimeter usw. Hat es die Behörden gestört? Wurde es abgerissen? Wohl nicht.

Generell gibt es in Wien Hunderte gekuppelte Doppelhäuser, die innen verbunden sind. Alleine am Schafberg wurden in den letzten Jahren zahlreiche gekuppelte Häuser errichtet. Diese werden auch von renommierten Maklern beworben und von der Behörde geduldet – außer in unserem Fall.

Ein gekuppeltes Doppelhaus ohne Trennmauer in unmittelbarer Nähe am Schafberg bewohnt Primarius Ludwig K., elf Jahre lang als stellvertretender Generaldirektor des Wiener Krankenanstaltenverbundes der medizinische Chef aller Wiener Spitäler und Pflegeheime der Stadt Wien. Er wurde erst kürzlich mit dem Goldenen Ehrenzeichen der Stadt Wien ausgezeichnet – in Anwesenheit von Wiens Bürgermeister Michael Häupl. Primarius Ludwig K. wollte bei seinem Objekt sogar erzwingen, dass generell bei gekuppelten Kleingartenhäusern eine innere Verbindung bestehen darf, genauso wie bei Bauten nach der Wiener Bauordnung. Dies sollte ihm dann doch nicht gelingen. Wurde er jemals von der Behörde kontrolliert oder gar belangt?

Wir waren wie Aliens im Kleingarten.

So war für viele der Anblick unseres neuen Hauses von Anbeginn an wie eine Begegnung der dritten Art. Wir waren wie Aliens, Eindringlinge, die sich in einem Kleingarten ein Refugium schafften, das ihrer Meinung nach einfach nicht hierher passen durfte. Dabei waren wir Trendsetter.

Denn gerade die Stadt Wien will, geht man nach Bürgermeister Michael Häupl, dass „mutige, avantgardistische Architektur (…) im Kleingarten ihren Platz" findet. Zumindest wünscht er sich das in seinem Vorwort zum Buch „klein garten haus" der Stadtplanung Wien (Beiträge zur Stadtforschung, Stadtentwicklung und Stadtgestaltung, Band 63: „Neben den klassischen Schrebergartenhäuschen, die oft noch aus der Zeit stammen, als das eigene Stückchen Grünland vornehmlich der Gemütlichkeit diente, stehen heute bereits viele schmucke Einfamilienhäuser. Und selbst mutige, avantgardistische Architektur findet im Kleingarten ihren Platz. Der vorliegende Band gibt Tips und Denkanstöße."). Sieht man sich darin einige der Kleingartenhäuser an, z.B. der Bauherrin Claudia K. im Kleingartenverein Neustift am Walde, die auf 250 Kubikmeter umbauten Raumes einen dreistöckigen Glaspalast errichten ließ (Buch Seite 52–54), so wirkt ja selbst unser Haus nahezu klein und provinziell.

Uns erinnert unser Fall ein wenig an die Querelen und den öffentlichen Aufruhr, als im Jahr 1985 das alte Haas-Haus in der Wiener Innenstadt abgerissen wurde. Der Architekt Hans Hollein plante einen revolutionären Neubau in futuristischem Design und mit komplett verspiegeltem Erker. Wie wurde Pritzker-Preisträger Hollein, ein Weltstar der Architektur, von der Planungsphase bis zur Eröffnung 1990 beschimpft? Das Haas-Haus wurde zum wohl umstrittensten Bau der Nachkriegsgeschichte in Wien. Man höhnte darüber in den Medien als „opulent verpackte Enttäuschung" und als „skandalöse Verschandelung der historischen Innenstadt". Es gab Proteste und Demonstrationen, Bürgerinitiativen und Proponentenkomitees. Hollein verteidigte seinen Entwurf vehement, der nur durch die Rückendeckung des damaligen Wiener Bürgermeisters Helmut Zilk tatsächlich umgesetzt werden konnte.

Und heute? Ist das Haas-Haus eine Ikone der modernen Wiener Architektur, ein beliebtes, modernes Fotomotiv für Millionen Touristen, ein Bauwerk, das seiner Zeit lange voraus war und auf das Wien zu Recht stolz sein kann.

Das Haas-Haus revolutionierte die Wiener Bauordnung.

Noch etwas brachte das Haas-Haus mit sich: Die von Architekten vehement geforderte Abänderung des § 85 der Wiener Bauordnung. Denn dieser schrieb bis dahin vor, dass Neubauten im Altstadtbereich nicht nur in Größe und Gliederung, sondern auch in der technologischen Gestaltung und im Material an die Umgebung anzupassen sind. Diese Vorschrift erschwerte und verhinderte bis zu Holleins revolutionärem Bau die Planung moderner, zeitgenössischer Architektur in historischen Zonen. Durch das Haas-Haus wurde das Gesetz zugunsten einer zeitgemäßen progressiven Gegenwartsarchitektur verändert.

Wir wollen uns nicht mit Hollein vergleichen, das ist eine ganz andere Dimension und Liga. Aber die Wirkung bei uns war – in deutlich kleinerem Umfang – nicht viel anders. Ein Ehepaar aus der Immobilienbranche baut im Kleingarten eine „weiße, protzige Villa". Das kann und darf nicht sein – schon gar nicht im sozialistischen Wien eines Michael Häupl. Denn die Kleingärtnerinnen und Kleingärtner sind eine der letzten SPÖ-Bastionen in der Stadt, in die politische Mitbewerber wie die Freiheitliche Partei noch nicht so eindringen konnten, wie sie wollten.

Es geht daher um ein klares Prinzip: Der Kleingarten ist für den „kleinen Mann" freizuhalten. In den Köpfen einiger Beamter und politischer Funktionäre mag dieses Denken noch immer fest verankert sein, juristisch sind diese Zeiten jedoch längst überholt. Privatbesitz im Kleingarten steht jedem offen. Wenn es sich nicht um Pachtgründe handelt, sondern um Eigentum, kann jeder veräußern oder erwerben, wie er will. Angebot und Nachfrage regeln den Preis. Früher war das anders. Da war ein Parteibuch der SPÖ extrem hilfreich, um einen Kleingarten zu bekommen.

Die Geschichte des Wiener Kleingartens, früher auch liebevoll „Schrebergarten" genannt, geht zurück bis ins Jahr 1905. Damals machte sich Julius Straußghitel, Mitglied des Ersten Österreichischen Naturheilvereines, nach der Errichtung einer Schrebergartenkolonie in Deutschwald bei Purkersdorf auf die Suche nach Flächen in Wien, die man für Kleingärten nutzen könnte. Anfang 1910 konstituierte sich der erste „Verein Schrebergarten in Wien und Umgebung" in der Mariahilfer Straße 13, bei dem Straußghitel zum Obmann gewählt wurde. Es fehlte nach der Gründung nur eines: Grundstücke zur Parzellierung. Erst im Dezember erfolgte der Abschluss eines Vertrages über die Pachtung von 110.000 Quadratmeter Grund zur Errichtung von Schrebergärten. 1915 hatte Wien bereits 450.000 Quadratmeter Kleingartenflächen.[1]

Die ersten Kleingärten wurden auf Gräbern errichtet.

Im Nachkriegsösterreich Ende 1945 bekam der Wiener Kleingarten immer mehr eine politische Dimension. Die Obmännerkonferenz der Sektion I, Wiener Kleingärten, forderte vom Wiener Landtag und dem Nationalrat unter anderem die „Freimachung von größeren städtischen Grundflächen für Dauerkleingartenzwecke unter teilweiser Heranziehung von Grablandflächen für ungefähr 30.000 Familien bei Erstellung der künftigen Stadtplanung".

1955 gab es bereits 6,5 Millionen Quadratmeter Pachtfläche von der Gemeinde Wien für die Nutzung als Kleingarten. Dafür hatte sich der damalige sozialistische Bürgermeister und spätere Bundespräsident Franz Jonas persönlich engagiert. Als Pachtentgelt wurden von der Gemeinde Wien 10 Groschen (heute: EUR 0,01) pro Quadratmeter und Jahr verrechnet.[2]

Ab 1960 wurden dann jedoch immer mehr Kleingartenanlagen geräumt, um an ihrer Stelle soziale Wohnbauprojekte, insbesondere „Gemeindebauten", zu errichten. Dies sorgte für massiven Unmut in den von der SPÖ dominierten Kleingartenanlagen.

1964 präsentierte die Stadt Wien jedoch stolz bei der Wiener Internationalen Gartenschau WIG 64 einen eigenen Kleingartenpark in Form einer typischen Kleingartenanlage, um auch internationalen Gästen diese Errungenschaft der Stadt vor Augen zu führen.

Seit den 1970er-Jahren bekam der Kleingarten politische Bedeutung.

Seit den 1970er-Jahren bekommt der Wiener Kleingarten und seine Bewohner in Wien immer mehr politische Bedeutung. Obwohl nie offiziell bestätigt, erhalten Wienerinnen und Wiener mit einem SPÖ-Parteibuch deutlich einfacher Zugang zu einem Schrebergarten. Die SPÖ sieht den Kleingarten als wichtiges Symbol, um auch Arbeitern und einkommensschwachen Wählerinnen und Wählern das Gefühl von ein wenig „Eigentum" zu vermitteln, auch wenn es sich großteils um reine Pachtgründe handelte.

1975 stellt Wiens SPÖ-Bürgermeister Leopold Gratz fest, dass die „derzeit bestehenden Kleingartenflächen" in Zukunft erhalten bleiben sollen, obwohl sich die Stadt im großen Ausmaß auf die Errichtung von Gemeindebauten fokussiert, zum Teil auch auf ehemaligen Kleingartengründen. Es wird in allen Fällen aber Ersatzgrund zur Verfügung gestellt, jedoch nicht immer im gleichen Absiedelungsbezirk.[3]

Im Mai 1992 beschließt der Wiener Landtag in einer Novelle des Wiener Kleingartengesetzes die Wohnmöglichkeit im Kleingarten und eine Verbauungsmöglichkeit von 50 Quadratmetern.[4]

Im Landesverband der Kleingärten Wiens gibt es derzeit 26.831 Kleingärten, die in 247 Vereinen und 13 Bezirksorganisationen aufgeteilt sind.[5]

Was will uns also die Geschichte der Wiener Kleingärten sagen? Kleingärtnerinnen und Kleingärtner sind in den letzten Jahrzehnten zu einer wichtigen Wählerschicht der Wiener SPÖ geworden. Seit den 1970er-Jahren hat die Wiener SPÖ erfolgreich versucht, den Kleingarten zu einer politischen Bastion zu machen. Der Kleingarten steht für innerstädtische

Erholung und ein privates „Stück Grün" mitten in der Stadt für seine Bürgerinnen und Bürger. Er hat damit eine starke politische Bedeutung, denn gerade in Landtagswahlkämpfen, in denen es auf jede Stimme ankommt, kann damit ein sechsstelliges Wählerpotenzial aktiviert und für das Kreuz an der richtigen Stelle motiviert werden.

Unter diesem Gesichtspunkt muss all das gesehen werden, was wir seit mehr als einem Jahrzehnt erleben. Es geht hier um Politik, um politisches Kalkül, um die Möglichkeit, ein Exempel zu statuieren und einen „Bonzen" mediengerecht aus dem Kleingarten zu verjagen, indem man sein Haus einfach abreißt.

Keine „Bonzen" im Kleingarten.

Die Botschaft ist simpel, aber klar, auch an die Parteigenossinnen und -genossen: Wir lassen nicht zu, dass ein „G'stopfter" sich in unseren Kleingarten „einschleicht" und eine „Bonzenvilla" baut. So jemand kommt nicht ungeschoren davon. Er wird die Härte der Behörden mit aller Wucht zu spüren bekommen. Man stelle sich das Foto einmal genüsslich vor: Der Wiener Wohnbaustadtrat Michael Ludwig – selbst ein „Bausünder" im Kleingarten (mehr dazu im Kapitel „Der alte (Bau)Sünder: Wiens Wohnbaustadtrat Ludwig bricht selbst das Gesetz – und baut im Kleingarten gegen die Vorschriften" in diesem Buch) – im Interview vor den Kameras des Landesstudio Wiens und Fotografen diverser Stadt-, Bezirks-

und Tageszeitungen, wenn im Hintergrund Bulldozer unser Haus planieren. Muss man dazu noch etwas sagen? Die politische Botschaft ist klar und eindeutig. Und da Neid in diesem Land zu einer ernstzunehmenden Kategorie zu zählen ist, wird sich so mancher freuen, wenn er in den Medien sieht, wie man es einem „Bonzen wieder mal 'zeigt hat".

Das ist die einzige plausible Erklärung, wenn man den juristischen und medialen Krieg der letzten 13 Jahre zwischen der Stadt Wien und uns Revue passieren lässt, wo es nicht um ein zu großes oder zu hohes Bauen geht, sondern schlicht um die Frage der „Einhaltung der Höhenlage" bei einem Kleingartenhaus. Eine rationale, auf Fakten basierende Erklärung gibt es schlichtweg nicht.

DAS GEBOGENE RECHT

APOCALYPSE NOW

Wie der Kampf
um unser Haus begann

Im Dezember 2000 begannen wir mit dem Bau unseres Hauses. Und damit fing ein Feldzug der Stadt Wien und ihrer Behörden gegen uns an, der über ein Jahrzehnt andauern sollte.

Durch eine Überprüfung der Tiefenbohrungen auf unserem Grundstück erschienen Beamte der Behörde. Wir werden nie die Worte des ersten Magistratsbeamten vergessen, der nur lapidar sagte: „Des is ja viel zu groß, was Sie da machen!" Wir haben ihm im Detail gezeigt, wie penibel wir uns an die Höhen- und Größenvorschriften gehalten haben, doch die Skepsis konnten wir ihm nicht nehmen.

Ein falscher Satz unseres Planers – ohne den es nie zum Konflikt gekommen wäre.

Als das Haus im Rohbau bereits stand, gab es einen Führungswechsel bei der Magistratsabteilung 37 für den 18. Bezirk und einen Ortsaugenschein der Baupolizei, der von DI Karin G., der neuen Leiterin der Baupolizei, geleitet wurde. Bei dieser Begehung war auch unser Planer mit seinen 300 Kleingartenhäusern Erfahrung vor Ort. Die Baupolizei hatte alle Fragen gestellt, alles inspiziert und wollte sich bereits wieder verabschieden, als unser Planer noch von sich aus darauf hinwies, dass das Haus, für das wir ja eine Bewilligung hatten, zwei Meter weiter südlich als eingezeichnet steht. Die Leiterin der Baupolizei sah mich sprachlos an. Zwei Meter weiter südlich? Das war ihnen nicht aufgefallen. Sie begannen wieder zu prüfen und vermessen. Tatsächlich, das Haus steht nicht dort, wo es sollte. Hätte unser vorlauter Planer geschwiegen, hätten wir die folgenden 13 Jahre ein ruhiges Leben gehabt. Nun war die Behörde alarmiert. Doch wir dachten noch in keiner Weise, dass dieses Faktum einen konsenslosen Zustand bringen sollte und in der Folge noch drastischere Maßnahmen.

Unser Ansatz war pragmatisch: Das Gesetz regelt, dass wenn an ein Grundstück Wald angrenzt und die Baumkronen des Grundstücks mit jenen des benachbarten Waldes zusammenstoßen, so gilt auch die nach unten projizierte Fläche über den zusammenstoßenden Baumwipfeln als Wald. Wir wollten möglichst weit zum Wald hin bauen und den Zugang möglichst beim Zaun haben. Einen Waldboden jedoch darf man nicht betonieren, deshalb hat uns der „erfahrene" Planer empfohlen: Es gibt im Kleingarten keine Baufluchtlinie, rücken wir einfach nach vorne und machen am Ende eine Auswechslungsplanung, womit der Konsens wieder hergestellt ist.

Wir haben seiner Expertise geglaubt – nur war sie falsch.

Damit trat der Worst Case ein: Unsere Baubewilligung ist verfallen, wie uns der Verwaltungsgerichtshof lange später – wahrscheinlich zu Recht – mitteilte, der dies als „Aliud" (lateinisch für „etwas anderes") bezeichnete, da wir das Haus zwei Meter weiter südlich gebaut haben. Eine neue Bewilligung sollten wir bis heute nicht bekommen.

Als wir mit dem Bau begonnen haben, war es nicht erforderlich, auf Plänen Höhenkoten, Geländeveränderungen oder ähnliche Parameter einzuzeichnen. Das war nicht nur bei uns so, sondern genereller Standard in allen Bezirken Wiens.

Dann hat die Gemeinde gesehen – wohl auch aus den Erkenntnissen unserer zahlreichen Verfahren –, welche Mängel im Kleingartengesetz bestehen, das ja erst 1996 beschlossen wurde, und hat die Einzeichnung der Geländeveränderungen und weitere fünf, sechs Punkte eingeführt, die, als wir zu bauen begonnen, nicht geregelt waren.

So wurde uns von der Behörde mehrfach mit einer gewissen Süffisanz mitgeteilt, dass wenn wir heute entsprechende Einreichungen machen, gezwungen sind, uns an den aktuell gültigen Gesetzesstandard zu halten, womit „Sie wohl nie eine Genehmigung erhalten werden" (Senatsrat K. von der Stadt Wien zu uns). Wir seien „chancenlos".

Hätten wir 2000 angesucht, das Haus zwei Meter weiter südlich zu bauen, hätten wir damals anstandslos die Genehmigung bekommen. Das war wohl der kapitale Fehler in der gesamten Causa.

Was folgte, war einige Wochen nach dem Ortsaugenschein ein Abbruchbescheid, den uns der Postbote überbrachte. Wir standen unter Schock.

Nachdem wir uns halbwegs wieder gefasst hatten, begannen wir logisch und rational nachzudenken: Das Haus wurde eins zu eins, wie wir es jetzt bauen, genehmigt, nur sollte es da zwei Meter weiter waldwärts stehen. Warum sollte man ein Haus, bei dem man sich an alle Größenbeschränkungen gehalten hatte, an die bebaute Fläche, die Höhe und die Kubatur, abreißen? Wir konnten es einfach nicht glauben und gingen fest davon aus, dass sich dieser Bescheid rasch bekämpfen und als Irrtum herausstellen sollte. „Wir beschaffen uns einfach eine Baubewilligung für dasselbe Haus zwei Meter weiter vorne" – das war der Plan.

Unser Baumeister D. – jener mit den 300 Kleingartenhäusern Erfahrung – versuchte uns zwischenzeitlich mit Floskeln wie „Mach ma scho, kein Problem" zu beruhigen. Friedrich musste ihn mehrere Nächte lang bis sechs Uhr früh beim Zeichnen der neuen Pläne – er hatte kein elektronisches Programm und machte alles per Hand – unterstützen und jeden Strich ansagen, während er von einer Dose Bier zur nächsten Griff. Es war eine traurige Situation.

Wir machten eine Fülle von Neueinreichungen. Die Behörde stellte uns immer wieder neue Erfordernisse, die gesetzlich zunächst gar nicht gedeckt waren. Wann immer wir uns juristisch wehrten und zu obsiegen schienen – und das lässt sich anhand der Dutzenden von uns geführten Verfahren gegen die Behörden der Stadt Wien detailliert nachvollziehen –, wurde kurz darauf das Gesetz wieder geändert. Es schien, als würden wir zum Präzedenzfall. Wir zeigten in den Verfahren auf, was im Gesetz falsch war, und bevor wir daraus juristischen Nutzen ziehen konnten, wurde das Gesetz in genau den betreffenden Punkten wieder abgeändert. Was folgte, waren Abbruchbescheide und Vollstreckungsverfahren.

Die Leiterin der MA 37 im 18. Bezirk sagte schließlich zu uns: „Wenn Sie nachweisen, dass Sie die Geländeveränderung vor dem Bau des Hauses gemacht haben, ist das in Ordnung." Ein anderer meinte wörtlich zu uns: „Und wenn Sie drei Meter auf Ihrem Grundstück anschütten, stört uns das nicht, nur beim Haus dürfen Sie es nicht machen." Die Frage ist nur: Wo steht das alles im Gesetz?

Die Wahrheit ist, dass das Wiener Kleingartengesetz teilweise nach Belieben ausgelegt wird. Die Behörde entscheidet in vielen Fällen, wie ihr beliebt, denn kaum ein anderes Gesetz ist schwammiger formuliert als dieses Gesetz.

Was wir uns aber als Bürger der Stadt Wien berechtigterweise fragen müssen: Wenn schon in einem regional bzw. national so unbedeutenden Fall wie unserem solche Rechtsbiegungen erfolgen, was passiert dann in den wirklich großen Causen dieser Stadt und der Republik? Wenn die Willkür schon dort beginnt, wo es um Geländeveränderungen im Kleingarten geht oder den Bau eines Hauses zwei Meter südlich, wenn schon in einem solchen Fall Höchstgerichte falsch oder zumindest unvollständig von Behörden informiert werden, wie geht es dann in den wirklich großen Verfahren zu, wo es wirklich um etwas geht?

Wir haben das Gelände zu einem Zeitpunkt verändert, als wir das alte kleine Holzhaus abgerissen haben, das vorher auf der Parzelle stand. Das war lange, bevor wir mit dem Bau unseres eigenen Hauses begonnen haben. Wir haben sieben Eidesstättige Erklärungen bei der Behörde vorgelegt – zum Teil von führenden Mitarbeitern der involvierten Baufirma, vom Architekten in Österreich, von jenem in Deutschland – die dies alle bestätigen.

Dann hat der Verwaltungsgerichtshof, nachdem alle anderen Vorwürfe niedergerungen waren, entschieden, die Baumaßnahme der Geländeveränderung sei in §7 nicht explizit angeführt und damit verboten. Es war, als würden wir in eine Falle laufen. Denn weder der Wiener Wohnbaustadtrat Michael Ludwig noch die Wiener Baupolizei halten sich – außer bei uns – an den Höchstgerichtsentscheid. Dass sich der Wohnbaustadtrat nicht daran hält, ist verständlich, da in einer Demokratie wohl selbstverständlich alles erlaubt ist, was nicht ausdrücklich verboten ist.

DAS GEBOGENE RECHT

DAS GEBOGENE RECHT

RECHT MUSS RECHT BLEIBEN

Eine Armada von Anwälten
bringt sich in Stellung

Kurt Tucholsky war ein Mann großer Worte. Er war nicht nur ein bedeutender Schriftsteller, sondern auch ein brillanter, vor allem aber politisch motivierter Journalist und Mitherausgeber der Wochenzeitschrift „Die Weltbühne". Sein Satz „Recht muss Recht bleiben" sollte unser letztes Jahrzehnt prägen.

Um dieses Recht durchzusetzen, engagierten wir eine Vielzahl exzellenter Rechtsanwälte, Juristen und Sachverständiger. Über die dafür erforderlichen Kosten haben wir eine kurze Übersichtsrechnung gemacht. Sie sind gewaltig. Aber wir haben unser ganzes Leben hart gearbeitet, und wir wollen nicht mehr als das zugestanden bekommen, was Tausenden anderen Wiener Kleingärtnerinnen und Kleingärtnern auch zusteht: ihr Recht.

Damals empfahl uns ein Freund die Wiener Kanzlei Onz, die sich auch auf Baurecht spezialisiert hatte. Rechtsanwalt Onz schlug ein Sachverständigengutachten vor und gewann dafür Univ.-Prof. Dr. Andreas Hauer, den Vorstand des Instituts für Verwaltungsrecht der Johannes Kepler Universität in Linz. Er war selbst früher wissenschaftlicher Mitarbeiter am Verfassungsgerichtshof und ein erfahrener Experte.

Das Rechtsgutachten, das er im Jänner 2007 vorlegte, bewies präzise und juristisch einwandfrei: Die Geländeveränderungen, die wir machten, sind rechtens. So hielt Prof. Hauer eindeutig fest: „Geländeveränderungen, die die GH Immobilienmakler GmbH vor dem 15. Februar 2006 auf den Grundstücken Nr. 603/44 und Nr. 603/32, KG Pötzleinsdorf, vorgenommen hat, waren daher aus bau- und kleingartenrechtlicher Sicht nicht zu beanstanden und bilden daher den rechtmäßigen Geländebestand, vor dessen Hintergrund die Bewilligungsfähigkeit von Bauvorhaben zu beurteilen ist."[6]

Dieses Gutachten war, davon waren wir zumindest damals überzeugt, der Schlüssel, um zu unserem Recht zu kommen. Denn damit brach die Argumentation der Behörden in sich zusammen.

Der Verwaltungsgerichtshof ist auf dieses Expertenurteil leider überhaupt nicht eingegangen. Hatte er argumentativ nichts dagegen einzuwenden? Das Höchstgericht hat sich jedenfalls überhaupt nicht damit beschäftigt und keine einzige Behauptung widerlegt. Trotzdem hat es negativ entschieden. Bemerkenswert in diesem Verfahren ist, dass untere Instanzen immer wieder inkriminierten, dass laut § 15, Abs. 1 des Wiener Kleingartengesetzes die Höhenlage nicht eingehalten worden wäre. Der Verwaltungsgerichtshof entschied letztlich erst im März 2011 negativ darüber und argumentierte, dass die Geländeveränderung als Baumaßnahme nicht im § 7 des Wiener Kleingartengesetzes explizit angeführt sei („… unabhängig von solchen Bauführungen erfolgte Geländeveränderungen waren nicht unter den in Kleingärten zulässigen Bauführungen aufgezählt und waren daher in einem Ausmaß wie den hier gegenständlichen jedenfalls unzulässig …"). Diese Erklärung ist abstrus, da damit eine Fülle von täglich vorgenommenen Baumaßnahmen im Kleingarten verboten wäre. Deshalb hatten sowohl Stadtrat Ludwig als auch Senatsrat Kirschner in einer Antwort gemäß Auskunftspflichtgesetz erklärt, dass sie sich diesem höchstgerichtlichen Urteil widersetzen. Auch der em. Univ.-Prof. Dr. Bernd-Christian Funk hat in einem Gutachten deutlich festgestellt, dass der § 7 des Wiener Kleingartengesetzes die Baumaßnahmen NICHT abschließend regelt.

Dann trat Rechtsanwalt Adrian Hollaender auf den Plan, Sohn des ehemaligen Wiener Staatsoperndirektors Ioan Holender, selbst ein sehr cleverer, unglaublich vernetzter juristischer Stratege und Rechtsexperte. Er schlug vor, bei der Beschwerde einen Lokalaugenschein zu beantragen, denn sollte die Behörde diesen nicht zulassen, so wäre dies ein klarer Verfahrensfehler. Gleichzeitig bat ich auch den legendären Wiener Rechtsanwalt Dr. Werner Sporn von der Kanzlei Schuppich Sporn & Winischhofer, sich der Causa anzunehmen.

Mit Dr. Hollaender gewannen wir in der Folge ein Verfahren um ein Nebengebäude und auch das Aushebeln eines zuletzt für Februar 2015 angesetzten Lokalaugenscheins samt Neueinreichung waren sein juristischer Schachzug.

Als die ersten Verfahren begannen, dachten wir keine Sekunde daran, dass nach 13 Jahren die juristische Auseinandersetzung noch immer nicht abgeschlossen sein wird.

Wien galt immer schon als „Stadt der Bausünden". Nicht nur im Kleingarten gibt es zahlreiche Verfehlungen, sondern auch bei ganz normalen Bauten. Es gibt Hunderte, wenn nicht sogar Tausende solcher Fälle. Fakt ist: Trotz aufrechter Vollstreckungen werden praktisch nur extrem selten Häuser abgerissen. Seit 1. Jänner 2012 wurde erst ein einziger Abbruchbescheid für ein Haus vollstreckt, und auch das eher als exemplarisches Beispiel. Das ist auch richtig so, wenn Menschen ihr Leben lang auf ein Eigenheim sparen und oft selbst nichts dafür können, wenn durch einen Fehler des Planers, Architekten oder Baumeisters oder schlicht durch ihr eigenes Unwissen eine Immobilie nicht so ist, wie sie sein sollte. Ziel muss doch sein, auf der rechtlichen Grundlage einen Konsens zu suchen und zu schaffen, aber nicht das Zuhause von

Menschen und damit oftmals ihre Existenz zu zerstören. Die Stadt Wien richtet sich anscheinend in vielen Fällen nach diesem Prinzip, und das ist eigentlich human und gut so. Es hat nur einen Haken: Es widerspricht dem Recht. Und das nicht irgendwie, sondern grundlegend und eklatant. Denn Recht muss für jeden gleich gelten, eine Anlassgesetzgebung oder eine Biegung des Rechts darf es nicht geben. Daher ist es selbstverständlich, dass sich Menschen wehren, denen jede Chance auf eine konsensuale Einigung genommen wird.

Lesen Sie in den nächsten Kapiteln im Detail die Chronologie unseres Falles.

CHRONOLOGIE EINES SKANDALS

Von Beginn bis heute:
Die Causa Ladenburghöhe

Die Genehmigung unserer gekuppelten Häuser.

Mit 19. November 1999 wurde die Genehmigung für unsere beiden Häuser, basierend auf einem begradigten Gelände (die Geländeveränderungen haben wir lange vor dem Bau durchführen lassen), erteilt. Unterzeichnet wurde der Einreichplan von Senatsrat Dipl.-Ing. G. Auf den Einreichplänen wurden seitens der Behörden keine Höhenkoten gefordert, es musste weder das alte noch neue Gelände eingezeichnet werden. Wir begannen zu bauen.

Am 21. August 2002 besichtigten die Leiterin der MA 37 für den 18. Wiener Gemeindebezirk, Dipl.-Ing. Karin G., als auch der Werkmeister die Baustelle vor Ort. Dabei wies unser Planer die Leiterin der MA 37 mündlich darauf hin, dass aufgrund des Waldes die Gebäude zwei Meter weiter südlich gebaut werden mussten. Ehrlich – aber ein fataler Fehler. Denn der Behörde fiel dies beim Ortsaugenschein nicht einmal auf.

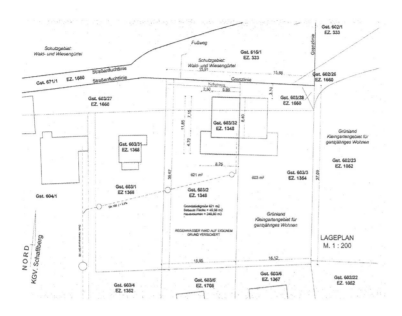

Anordnung zum Abbruch.

Im November 2002 erhielten wir den ersten Abbruchbescheid, weil der Rohbau um zwei Meter abweichend nach Süden errichtet worden war. Für uns brach eine Welt zusammen. Wie kann es das in einer zivilisierten Stadt wie Wien geben? Zwei Häuser, nicht zu groß und nicht zu hoch gebaut, die rein zum Schutz eines Waldes um lächerliche zwei Meter versetzt gebaut wurden, sollten nun deshalb abgerissen werden? Unser juristischer Kampf begann.

DAS GEBOGENE RECHT

MAGISTRAT DER STADT WIEN
Magistratsabteilung 37 - Baupolizei
Außenstelle für den 18. Bezirk
Martinstraße 100
A-1180 Wien

DVR:0000191 Fax: 43/1/47634-99-18500 Tel.: 43/1/47634-DW
e-mail: post@m37.magwien.gv.at

ECKERT LÖB & PARTNER

0 6. Dez. 2002

E I N G E L A N G T

MA 37/18 - Ladenburghöhe Gst. 603/32/1971/2002   Wien, 29. November 2002

18. Bezirk, Ladenburghöhe ONr. sine
Gst. Nr. 603/32, EZ 1348 der
Katastralgemeinde Pötzleinsdorf

vorschriftswidriger Bau

```
Telefax
Fax-Nr.:
An:      Huk Lind
Von:     Mag Hottinger
Datum:   5. 12. 02       Seiten:
Bitte um Kenntnisnahme
```

BESCHEID

Der Magistrat erteilt gemäß § 129 Abs. 10 der Bauordnung für Wien (BO) der Eigentümerin der Baulichkeit auf der im Betreff genannten Liegenschaft nachstehenden Auftrag:

Das auf der Liegenschaft EZ 1348 der KG Pötzleinsdorf ohne Bewilligung errichtete Gebäude mit Außenabmessungen von ca. 8,40 x 6,00 m in den beiden oberen Geschoßen sowie ca. 12,90 x 6,00 m im darunterliegenden Geschoß ist zu entfernen.

Die Maßnahme ist binnen 12 Monaten nach Rechtskraft dieses Bescheides durchzuführen.

Begründung

Bei der am 21. August 2002 abgehaltenen Ortsverhandlung und der am 23. September 2002 abgehaltenen Büroverhandlung wurde festgestellt:

Auf der Liegenschaft EZ 1348 KG Pötzleinsdorf wurde ein Rohbau bestehend aus drei Geschoßen errichtet.

Die beiden obersten Geschoße haben ein Ausmaß von ca. 8,40 x 6,00 m, das darunterliegende Geschoß weist ein Ausmaß von ca. 12,90 x 6,00 m auf.
Der bestehende Rohbau wurde gegenüber dem mit Einreichung Zl. MA 37/18 – Ladenburghöhe Gst. 603/2/32/3532/98 als bewilligt geltenden Gebäude in einer um ca. 2,0 m Richtung Süden hin abweichenden Lage errichtet.
Der Rohbau wurde somit an anderer Stelle errichtet.

Gemäß § 129 Abs. 10 BO ist der vorschriftswidrige Bau zu beseitigen.

Die gestellte Frist ist nach der Art der angeordneten Maßnahmen angemessen.

Rechtsmittelbelehrung

Gegen diesen Bescheid kann binnen zwei Wochen nach Zustellung bei diesem Amt schriftlich Berufung eingebracht werden. Die Berufung hat den Bescheid zu bezeichnen, gegen den sie sich richtet und einen begründeten Berufungsantrag zu enthalten und ist mit EUR 13,-- Bundesgebühr zu vergebühren. Die Gebühr ist durch Barzahlung oder mittels Bankomatkarte (auch mit Quickfunktion) in unserem Amt oder in einer der Kassen der Stadt Wien (diese befinden sich u.a. in jedem Magistratischen Bezirksamt) zu entrichten. Bei Bezahlung ist der Verwen-

DAS GEBOGENE RECHT

Vor dem Verwaltungsgerichtshof.

Nachdem mehr als 40 seither vorgenommene Baueinreichungen, um das Problem zu lösen, abgelehnt wurden, fand am 28. April 2006 eine Neueinreichung statt, die letztlich beim Verwaltungsgerichtshof im März 2011 negativ beschieden wurde. In diesem Verfahren haben wir ein Sachverständigengutachten von Univ.-Prof. Dr. Andreas Hauer vorgelegt, das eines präzise und juristisch einwandfrei beweist: Die Geländeveränderungen sind rechtens. Der Verwaltungsgerichtshof ist auf dieses Expertenurteil leider nicht einmal eingegangen. Bemerkenswert in diesem Verfahren ist, dass die Behörde immer wieder inkriminiert, dass laut § 15, Abs. 1 des Wiener Kleingartengesetzes die Höhenlage nicht eingehalten worden wäre. Laienhaft ausgedrückt: Unser Haus schaut zu weit aus dem Gelände hervor. Doch was ist die Höhenlage genau? Das Wiener Kleingartengesetz (WKLGG) definiert dies nicht klar. Unser Umfeld störte es jedenfalls nicht: Bis heute beschwerte sich kein einziger Anrainer über unsere Häuser oder beeinspruchte sie.

Der Verwaltungsgerichtshof entschied letztlich ausschließlich deshalb negativ, da die Geländeveränderung als Baumaßnahme nicht im § 7 des WKLGG explizit angeführt ist.

DAS GEBOGENE RECHT

Rechtsgutachten

zu Fragen

der Zulässigkeit von Geländeveränderungen und

der Bedeutung des „anschließenden Geländes"

sowie der „bestehenden Höhenlage"

iSd Wiener KleingartenG 1996

erstattet von

Univ.-Prof. Dr. Andreas Hauer

Institut für Verwaltungsrecht und Verwaltungslehre
Johannes Kepler Universität Linz

Linz, im Jänner 2007

DAS GEBOGENE RECHT

GH Immobilienmakler GmbH

An den
Verwaltungsgerichtshof
Judenplatz 11
1014 Wien

2014 05 05
FL/PÖ, GH Imm., Korr.,
Verwaltungsgerichtshof

VWGH Zl 2008/05/0024 vom 15.03.2011

Sehr geehrter Herr Hofrat Doktor Moritz,

Sie stellen in oben angeführter Entscheidung als alleinigen Grund für die Untersagung der Baubewilligung fest, dass Baumaßnahmen (hier Geländeveränderungen) die nicht im § 7 WKLGG 1996 (zulässige Bauführungen) angeführt sind, unzulässig sind.

Damit stellen Sie fest, dass der § 7 WKLGG **abschließend** geregelt ist.

Diese Rechtsauffassung kann bei allem Respekt nicht richtig sein:

Demnach wären z.B. die Errichtung von Kanalanlagen, Pergolen, Wärmedämmungen, der Austausch von Fenstern, die Errichtung eines betonierten Zaunsockels, die Errichtung einer Drainage etc. und sogar Gebäudeabbrüche illegitim (alle genanten Beispiele sind nach § 62a der Wr. Bauordnung, Bauvorhaben).

Dass Ihre Rechtsauffassung bzw. die des Senates nicht stimmt, wird durch folgende Unterlagen bestätigt:

1) Geländeveränderungen sind laut den erläuterten Bemerkungen zum WKLGG 1996 bewilligungsfrei und im Gesetz nicht materiell beschränkt.
2) Der Amtsführende, für die MA 37 zuständige, Stadtrat Dr. Michael Ludwig teilt in einer Anfragebeantwortung vom 17.07.2012 nach dem Interpellationsrecht mit, dass im Sinn des Prinzips der Baufreiheit, Baumaßnahmen dann zulässig sind, wenn sie materiellrechtlich nicht untersagt sind.
3) Der Amtsführende Stadtrat Dr. Michael Ludwig teilt in der oben angeführten Antwort weiters mit (und dass also nach der oben angeführten VWGH Entscheidung), dass § 7 WKLGG die Baumaßnahmen **nicht** abschließend regelt.
4) Senatsrat DI Johannes Kirschner teilte am 20.08.2013 im Rahmen einer Antwort nach dem Auskunftspflichtsgesetz mit, dass § 7 WKLGG die Bauführungen **nicht** abschließend regelt.
5) Senatsrat DI Johannes Kirschner teilt am 16.04.2014 im Rahmen einer Antwort nach dem Auskunftspflichtsgesetz mit, dass (erlaubte) Baumaßnahmen auch ohne gleichzeitige Errichtung eines Hauses möglich und erlaubt sind.

1180 Wien, Gersthoferstraße 30/17
FN 213587 z, UID-Nr.: ATU53848902
Tel. 402 29 02, Fax 479 67 68

DAS GEBOGENE RECHT

GH Immobilienmakler GmbH

6) Herr Univ.Prof. Dr. Hauer stellt in seinem Gutachten vom 08.01.2007 präzise fest, dass die erfolgte Geländeveränderung rechtskonform durchgeführt wurde. Dazu haben Sie in oben angeführter VWGH Entscheidung leider nicht Stellung genommen.

Obwohl die Behörde an die Judikatur des Verwaltungsgerichtshofes gebunden ist, widersetzt sie sich in diesem Fall diametral. Dies aber nur deshalb, weil sie eben falsch ist, und falsch damit nicht befolgbar ist.

In unserem Fall war Ihre Meinung und die des Senates ausschlaggebend für die Untersagung der Bewilligung.

Die Behörde folgt ihrer Entscheidung nicht, obwohl sie dazu verpflichtet wäre.

Es war also „nur" eine Entscheidung gegen uns, die mit Sicherheit dem politischen Willen entspricht.

Das muss man als „gelernter" Österreicher zur Kenntnis nehmen. Für die Rechtsordnung ist das beschämend.

Im Wissen mit diesem Schreiben nichts zu bewirken, aber mit der Erleichterung den Sachverhalt nochmals kundgetan zu haben

grüßt freundlich
GH Immobilienmakler GmbH

PS: Da die Behörde bei unserem Fall erkannt hat, dass gegen unsere Geländeveränderung keine Bestimmung im Gesetz vorliegt, hat sie mittlerweile das Gesetz geändert, und die Geländeveränderung materiell beschränkt.

1180 Wien, Gersthoferstraße 30/17
FN 213587 z, UID-Nr.: ATU53848902
Tel. 402 29 02, Fax 479 67 68

Was Wiens Wohnbaustadtrat sagt.

Die Argumentation des Verwaltungsgerichtshofes ist anscheinend sowohl für die Behörde als auch für den zuständigen Stadtrat grob falsch, da selbst Wiens Wohnbaustadtrat Michael Ludwig in Kenntnis dieser Entscheidung schriftlich bestätigte, dass § 7 des Wiener Kleingartengesetzes die Baumaßnahmen nicht abschließend regelt.

Hofrat Dr. Moritz hat in seiner Entscheidung des Verwaltungsgerichtshofes (2008/05/0024-14) unsere Genehmigungen ausschließlich deshalb untersagt, weil die durchgeführten Geländeveränderungen nicht im § 7 (WKLGG) enthalten waren. Das war der einzige Grund. Dies bedeutet jedoch, dass nur und ausschließlich solche Bauführungen zu genehmigen sind, die im § 7 explizit angeführt sind.

Würde man der Argumentation des Verwaltungsgerichtshofes folgen, wären viele Baumaßnahmen wie Kanalerrichtungen, Drainagen, Hausabbrüche usw. gesetzeswidrig, da sie als Baumaßnahmen nicht explizit im § 7 des WKLGG angeführt sind. Das würde bedeuten, dass sich etwa ein Drittel aller Wiener Kleingärtnerinnen und Kleingärtner fürchten müssten, denn auf Basis dessen hätten sie rechtswidrig gebaut und müssten mit Maßnahmen bis hin zum Abbruch rechnen.

Das Pikante dabei: Besagter Hofrat Dr. Moritz hat in einem von ihm selbst verfassten und 2014 veröffentlichten Kommentar zur Wiener Bauordnung (Moritz, BauO Wien, Verlag Manz) alle wesentlichen Verwaltungsgerichtshofentscheidungen angeführt und kommentiert. Im § 62a sind Bauführungen definiert, für die – wie bei der damaligen Geländeveränderung – keine Anzeige- oder Bewilligungspflicht bestand. In diesem § 62a sind alleine 34 (!) Bauführungen angeführt, die demnach allesamt verboten sein müssen, weil auch diese im § 7 des Wiener Kleingartengesetzes nicht angeführt sind. Darunter fallen beispielsweise Pergolen, Hauskanäle, Senkgruben, Hauskläranlagen, gemauerte Gartengriller, Gartenterrassen, Schwimmbecken, Skulpturen, Zierbrunnen, die nachträgliche Anbringung von Wärmedämmung, Außenjalousien, Markisen, der Austausch von Fenstern und Fenstertüren sowie Hausabbrüche.

Das ist völlig paradox und wird auch in einem Gutachten des renommierten Sachverständigen em. Univ.-Prof. Dr. Bernd-Christian Funk klar widerlegt. Wie beschrieben, selbst Stadtrat Ludwig und Senatsrat Dipl.-Ing. Kirschner teilen in einer Auskunft nach dem Auskunftspflichtgesetz unter Wahrheitspflicht mit, dass der § 7 des Wiener Kleingartengesetzes die Baumaßnahmen NICHT abschließend regelt – womit sie daher in unserem Fall erlaubt waren.

Nicht zuletzt wurde das Wiener Kleingartengesetz aus diesem Anlassfall geändert und eine Beschränkung eingeführt, so dass nunmehr Geländeveränderungen nur mehr „im unbedingt erforderlichen Ausmaß" erlaubt sind (Novelle des

WKLGG 1996 veröffentlicht im LGBl 13/06 vom 14. Februar 2006). Alleine diese Änderung beweist eigentlich, dass die Geländeveränderungen davor erlaubt waren.

Was machen Stadtrat Ludwig, Senatsrat Kirschner und die Stadt Wien: Sie setzen sich über die Höchstgerichtsentscheidung hinweg. Selbst Hofrat Dr. Moritz erwähnt (wie alle seine Kollegen, die Kommentare zur Wiener Bauordnung verfasst haben) diese Entscheidung in seinem Buch mit keinem Wort, sondern verschweigt sie geflissentlich.

Für unseren Fall war diese völlig unverständliche und paradoxe Entscheidung der einzige Grund, weshalb uns die Baubewilligung versagt wurde.

Wäre das rechtsrichtig entschieden worden, wären alle anderen Verfahren in der Folge nicht mehr notwendig gewesen. Die Behörde weiß das, widersetzt sich den Aussagen des Verwaltungsgerichtshofes und betreibt mit aller Härte den Abbruch unserer Häuser.

DAS GEBOGENE RECHT

DR. MICHAEL LUDWIG
AMTSFÜHRENDER STADTRAT FÜR
WOHNEN, WOHNBAU
UND STADTERNEUERUNG
VON WIEN

Frau Gemeinderätin
Henriette Frank

FPÖ-Klub

PGL – 01552-2012/0001 – KFP/LF/ForWic   Wien, 17. Juli 2012

Anfrage der Abgeordneten
Henriette Frank betreffend
Rechtssicherheit für Wiener
Kleingärtner

Sehr geehrte Frau Gemeinderätin!

Bezug nehmend auf Ihre Anfrage, betreffend Rechtssicherheit für Wiener Kleingärtner, kann ich Ihnen Folgendes mitteilen:

Zu 1. bis 3. und 17. bis 18.:
§ 7 Wiener Kleingartengesetz (WKIG) trägt zwar den Titel „Zulässige Bauführungen". Aus der Gesetzessystematik und dem Sinn und Zweck der Bestimmung lässt sich jedoch erkennen, dass der Inhalt dieser Regelung weniger die einzelne Baumaßnahme bzw. die einzelne Bautätigkeit, sondern vielmehr die zulässige Nutzung von Flächen im Kleingartengebiet ist. § 7 WKIG stellt in diesem Sinne ganz allgemein klar, welche Flächen im Kleingartengebiet für welche Nutzungen zur Verfügung stehen, d.h. auf welchen Flächen die Errichtung bestimmter Bauwerke, wie z.B. Kleingartenwohnhäuser, Gemeinschaftsanlagen oder auch Stellplätze, zulässig ist.

§ 7 WKIG enthält jedenfalls keine abschließende Aufzählung der im Kleingartengebiet bzw. im Kleingartengebiet für ganzjähriges Wohnen zulässigen Bauführungen. Würde man § 7 WKIG dahingehend interpretieren, dass nur die dort genannten Bauführungen zulässig sind, dürften andere Baumaßnahmen an oder in einem Gebäude nie erfolgen. Dies hätte zur Konsequenz, dass ein Gebäude z. B. niemals abgeändert werden könnte, was nicht der Absicht des Gesetzgebers unterstellt werden kann.
Dies ergibt sich schon daraus, dass in § 8 Abs. 1 WKIG die Bauführungen genannt werden, für die eine Baubewilligung erforderlich ist, während festgestellt wird, dass alle anderen Bauführungen – unter die etwa auch der Abbruch von Bauwerken, die Errichtung von Hauskanälen, Senkgruben und Schwimmbädern sowie

Bartensteingasse 9, 1082 Wien
Sekretariat: Telefon: 4000 81275
Telefax: 4000 99 81260

Ein falsches Wort – und nur Schikanen.

Um Stauraum für Gartengeräte zu schaffen, reichte unser damaliger Planer ein Kleingarten<u>wohn</u>haus mit 25 Quadratmeter Größe ein, was eigentlich nicht stimmte, da zu keinem Zeitpunkt beabsichtigt war, in diesem Objekt auch zu wohnen. Es sollte ein simples Lager sein. Dies war auch der Behörde bekannt. Als das Objekt schließlich errichtet war – eine einfachste Konstruktion –, hat die Behörde extrem penibel im Bauverfahren und bei ihren zahlreichen Besichtigungen darauf hingewiesen, dass die Wärmedämmwerte, die für ein Kleingartenwohnhaus notwendig sind, nicht eingehalten wurden. Dies führte letztendlich dazu, dass das Objekt baulich aufwendig nachgebessert werden musste, sodass die Wände den erforderlichen Vorschriften entsprachen. Hätte uns die Behörde informiert, dass am Einreichplan lediglich das Wort „wohn" bei Kleingartenwohnhaus zu streichen sei, hätten wir uns all das (und viel Geld) erspart, da bei einer Einreichung für ein Kleingartenhaus diese Werte nicht eingehalten werden müssen. Nur: Niemand informierte uns. Die Behörde ignorierte somit ihre Manuduktionspflicht, laut der sie verpflichtet ist, von sich aus auf Baufehler bzw. Planungsmängel hinzuweisen. Eine Beschwerde unsererseits dazu wurde lapidar abgewiesen.

Wenn nichts mehr geht: Ortsbildschädigung bei einem Haus, das niemand sehen kann.

Aus Effizienzgründen sollte unsere Erdwärmeheizung in einem eigenen eingeschossigen Gebäude untergebracht werden. Im Bauverfahren zu diesem Gebäude erfolgten ebenso zahlreiche Einreichungen, die allesamt aus unterschiedlichsten Gründen zunächst abgelehnt wurden. Durch zahlreiche Auskunftsverlangen und auch Einzelentscheidungen in diversen Bescheiden gelang es aber gegen größten Widerstand der Behörden, alle sachlichen Einwendungen zu beseitigen. Als schließlich keine sachlichen Einwendungen mehr übrig blieben, beurteilte die Behörde das Gebäude allen Ernstes als „Schädigung für das Ortsbild". Da das eigentlich zuständige Magistrat 19 aber eine positive Stellungnahme abgab, wurde der Sachbearbeiter von der Baupolizei nochmals vorgeladen und pragmatisch „genötigt", seine positive Entscheidung zu widerrufen. Das muss man sich einmal vorstellen: Eine Behörde versucht mit allen Mitteln, einen Bau zu torpedieren, und als nichts mehr blieb, was man noch einwenden konnte, argumentierte sie einfach, es schädige das Ortsbild.

DAS GEBOGENE RECHT

in zukunft
:WIEN
:stadtgestaltung

StaDt+Wien

Magistrat der Stadt Wien
Magistratsabteilung 19
Architektur und Stadtgestaltung
12, Niederhofstraße 23
A-1121 Wien
Tel.: (+43 1) 811 14-88919
Fax: (+43 1) 811 14-99-88910
E-Mail: post@m19.magwien.gv.at
www.stadtentwicklung.wien.at

MA 19	B18/1089/07	Wien, 15.02.2007
Adresse:	18., LADENBURGHÖHE 603	
Betreff:	Errichtung bzw. Zubau eines Kleingartenwohnhauses	
Beilagen:	EINREICHPLAN, FOTOS	
An:	MA 37/18	

Zum vorliegenden Ansuchen wird folgende Stellungnahme abgegeben:

Der gegenständliche Zubau wird im Sinne des § 85 BO
ohne Einwand zur Kenntnis genommen.

Sachbearbeiter:

Dr. Kruml
Tel.: 811 14 - 88 941
Fax: 811 14 - 99 - 88 941
E-Mail: kru@m19.magwien.gv.at

Für den Abteilungsleiter:

i.V. Dipl.-Ing. R. Kniefacz

DAS GEBOGENE RECHT

Niederschrift

Büro der MA8H/18

<u>Anwesende</u>
Ti. Dipl. Ing. Gessner
Hr. Dr. Kruml
Hr. Wkm Sommer

Wien 26.2.2007

Das geplante Objekt entspricht dem Charakter des kleingärtnerisch genützten Gebietes nicht. Die geplanten Stützmauern inklusive der Attikaaufbauten weisen ein größeres Ausmaß auf, als in diesem Gebiet charakteristisch wäre.

In diesem Erscheinungsbild des Objektes wirken auch der nichtbebaute Hohlraum sowie auch die Attikaaufbauten räumlich.

DAS GEBOGENE RECHT

REPUBLIK ÖSTERREICH
VERWALTUNGSGERICHTSHOF

Im Namen der Republik

Zl. 2012/05/0055-10

Der Verwaltungsgerichtshof hat durch den Vorsitzenden Senatspräsident Dr. Kail und den Senatspräsidenten Dr. Waldstätten sowie die Hofräte Dr. Enzenhofer und Dr. Moritz und die Hofrätin Dr. Pollak als Richter, im Beisein der Schriftführerin Mag. Kalanj, über die Beschwerde der GH Immobilienmakler GmbH in Wien, vertreten durch Dr. Adrian Hollaender, Rechtsanwalt in 1190 Wien, Aslangasse 8/2/4, gegen den Bescheid der Bauoberbehörde für Wien vom 15. Februar 2012, Zl. BOB-264/11, betreffend Untersagung einer Bauführung (weitere Partei: Wiener Landesregierung), zu Recht erkannt:

Der angefochtene Bescheid wird wegen Rechtswidrigkeit seines Inhaltes aufgehoben.

Die Bundeshauptstadt Wien hat der beschwerdeführenden Partei Aufwendungen in der Höhe von € 1.326,40 binnen zwei Wochen bei sonstiger Exekution zu ersetzen.

E n t s c h e i d u n g s g r ü n d e :

Zur Vorgeschichte wird auf das hg. Erkenntnis vom 3. Mai 2011, Zl. 2009/05/0012 (Vorerkenntnis), verwiesen. Soweit sich der dort angefochtene Bescheid auf das hier gegenständliche Gebäude bezogen hat, wurde er wegen Rechtswidrigkeit infolge Verletzung von Verfahrensvorschriften aufgehoben. Der Verwaltungsgerichtshof begründete dies damit, dass ausschlaggebend sei, ob das Äußere der Baulichkeit § 15 Abs. 1 erster Satz des Wiener Kleingartengesetzes 1996 (KGG) entspreche. Ein die Auffassung der belangten Behörde, dass das Erscheinungsbild des Baues wegen dessen Ausmaßen und Konfiguration dem KGG

(28. Mai 2013)

Das Unglaubliche dabei ist: Das Gebäude ist von außen überhaupt nicht einsehbar! Man kann gar kein „Ortsbild schädigen", weil das Haus niemand außerhalb des Grundstücks sehen kann. Dazu befindet es sich zu zwei Dritteln unter der Erde. Der herausragende Teil ist durchgehend mit Efeu bewachsen. Das war selbst dem Verwaltungsgerichtshof zu viel, und es gelang uns hier nach langwierigen Verfahren, Recht zu bekommen und einen baulichen Konsens herzustellen (Faksimile des Urteils auf der vorigen Seite 77).

Juristisches Dauerfeuer.

Mittlerweile war es uns durch starken juristischen Einsatz möglich, einige Genehmigungen für die beiden Wohnhäuser zu erlangen. So machten wir durch unsere Anwälte eine Defensiveinreichung, bei der wir das gleiche Haus laut Einreichplan einfach tiefer gesetzt haben (was natürlich nur am Plan der Fall war, nicht real). Das erstaunliche Ergebnis: Es wurde von der Behörde genehmigt. Dies entspricht aber nicht dem Gesetz, denn wenn die Höhenlage einzuhalten ist, darf sie weder nach oben noch nach unten abgeändert werden. Diese Einreichung hätte ganz eindeutig abgelehnt werden müssen. Dann haben wir das praktisch gleiche Haus, wie es auf unserem Grundstück (Parzelle 603/32) existiert, ohne unterkellerte Terrasse eingereicht. Auch das wurde genehmigt.

DAS GEBOGENE RECHT

Der entscheidende Fehler.

Im Sommer 2011 kam es schließlich zu einer zufälligen Entdeckung, die uns neuen Aufwind geben sollte. Beim Studium des Wiener Kleingartengesetzes fiel Friedrich auf, dass ausgerechnet in jenem Paragrafen, der sich durch unseren gesamten Fall zog, etwas nicht stimmte: Der Beschluss des Wiener Kleingartengesetzes im Landtag, der unsere Häuser betraf und für die zahlreiche Abrissbescheide verantwortlich war, stimmte nicht mit dem kundgemachten Gesetz überein.

Lind (GHI) - Bausache
4/ma/234/11 958.RTF

AKTENVERMERK

vom 20. Juli 2012

Einsicht im Archiv der Stadt Wien

1) Laut Amtsblatt Nr. 34 vom 22. August 1996 (Beilage 1):
Sitzung der Landesregierung vom 28. Juni 1996

„Berichterstatter: Amtsf StR Dr. Hannes Swoboda
(PrZ 1268-MDPLTG; SSA) Der Entwurf des Gesetzes über Kleingärten (Wiener Kleingartengesetz 1996) wird angenommen und der Präsidentin des Wiener Landtags zur geschäftsordnungsmäßigen Behandlung übermittelt. (An Ausschuß Stadtentwicklung, Stadtplanung und Außenbeziehungen der Stadt Wien.) (Mit Stimmenmehrheit.)"

Bei diesem Entwurf handelt es sich um die „Beilage Nr. 31/1996" (Beilage 2), in dessen § 15 (1) ein letzter Satz mit dem Wortlaut „darüber hinaus sind Baulichkeiten der bestehenden Höhenlage möglichst anzupassen" **nicht aufscheint**.

DAS GEBOGENE RECHT

6) Demnach steht fest, dass der Satz „darüber hinaus sind Baulichkeiten der bestehenden Höhenlage möglichst anzupassen" nicht dem Rechtsbestand des Wiener Kleingartengesetzes 1996 angehört (und überhaupt ein Abänderungsantrag des Gemeinderatsausschusses laut Beilage 4 vom Wiener Landtag nicht beschlossen wurde.

Das bestätigte die renommierte Rechtsanwaltskanzlei Schuppich Sporn & Winischhofer, die uns vertritt und im Archiv der Stadt Wien Einsicht nahm, bei ihrer Prüfung ganz eindeutig (siehe Aktenvermerk oben).

Das sollte der Durchbruch in unserer juristischen Auseinandersetzung mit der Stadt Wien sein, davon waren nicht nur unsere Anwälte überzeugt. Damit ein Gesetz gültig ist, sind ein ordnungsgemäßer Beschluss, eine ordnungsgemäße Kundmachung und die Unterschrift des Bürgermeisters und des Magistratsdirektors erforderlich.

Beim Wiener Kleingartengesetz gab es im Ausschuss für Stadtentwicklung, Stadtplanung und Außenbeziehungen der Stadt Wien eine Änderung des besagten Gesetzesentwurfes. In der kurz darauf folgenden Landtagssitzung am 9. August 1996 – der letzten vor der Sommerpause mit einem sehr dichten Programm – wurde jedoch nicht der abgeänderte Gesetzesentwurf, sondern der ursprüngliche Gesetzesentwurf der Landesregierung vom 28.06.1996 beschlossen. Das ist juristisch präzise nachvollziehbar, da Landtagssitzungen wörtlich protokolliert werden und auch ein Beschlussprotokoll verfasst wird. Dieses ist für jedermann im Wiener Stadt- und Landesarchiv einsehbar.

Das kundgemachte Gesetz unterscheidet sich vom beschlossenen Gesetz in 31 Punkten, wovon für uns ein Punkt entscheidend ist:

Im kundgemachten Gesetz ist im § 15, Abs. 1 ein letzter Satz angefügt, nämlich: „… darüber hinaus sind Baulichkeiten der bestehenden Höhenlage möglichst anzupassen."

Dieser für uns entscheidende Satz ist im beschlossenen Gesetz aber nicht enthalten. Alle abgelehnten Bescheide der MA 37 sind damit begründet, dass die Gebäude der bestehenden Höhenlage nicht angepasst seien. Für uns hätte das bedeuten müssen, dass alle Bescheide nichtig sind und unsere Häuser nicht abgerissen werden dürfen.

Das verfassungswidrige Gesetz.

Der renommierte Rechtsexperte em. Univ.-Prof. Dr. Siegbert Morscher, 16 Jahre lang Mitglied des Verfassungsgerichtshofes, kam in einem Gutachten zur Erkenntnis, dass deshalb und aufgrund zahlreicher weiterer Fehler das ganze Wiener Kleingartengesetz „verfassungswidrig" sei. Auch der ehemalige österreichische Justizminister und mittlerweile leider bereits verstorbene Verfassungsexperte Univ.-Prof. Dr. Hans Klecatsky bestätigte uns, dass „Gesetze, die nicht in der Form kundgemacht werden, wie sie beschlossen wurden, nichtig sind".

DAS GEBOGENE RECHT

RECHTSGUTACHTEN

betreffend fehlerhafte Kundmachung des
Wiener Kleingartengesetzes 1996, LGBl für Wien 1996/57,

erstattet von
Em.O.Univ.-Prof. Dr. Siegbert Morscher,
Innsbruck

4. Beispielsfall § 15 Abs 1 Wiener KleingartenG 1996

Der letzte Satz dieses im LGBl für Wien kundgemachten LG [er lautet: „Darüber hinaus sind Baulichkeiten der bestehenden Höhenlage möglichst anzupassen."] war in dem der Beschlussfassung des Plenums des Landtages zugrundegelegten Gesetzesentwurf Beilage Nr 31/1996, PrZ 1268/96-MDPLTG nicht enthalten und wurde demgemäß vom LT nicht beschlossen.
§ 15 Abs 1 des Wiener KleingartenG 1996 wurde seither ausdrücklich kein einziges Mal novelliert. Es ist auch nicht ersichtlich, dass er durch die Novellierungen inhaltlich betroffen worden wäre. Möglicherweise der ganze Abs 1, jedenfalls der letzte Satz im Abs 1 des § 15 Wiener KleingartenG 1996 entbehrt der Beschlussfassung durch den Wiener Landtag, sodass sich dessen Kundmachung auch heute noch als verfassungswidrig erweist.

Innsbruck, 16. September 2011   Siegbert Morscher

Einsichtnahme verweigert.

Nach dieser wichtigen Entdeckung wurde von unseren Anwälten um Einsicht in den Gesetzgebungsakt ersucht, um auch festzustellen, ob und in welcher Fassung das Gesetz vom Bürgermeister bzw. dem Magistratsdirektor unterschrieben wurde. Sämtliche Ersuchen dazu wurden abgelehnt, woraufhin wir eine Beschwerde beim Verfassungsgerichtshof einbrachten.

Gegen den Berufungsbescheid des Berufungssenates der Stadt Wien vom 25. Juni 2013, MA 26 – 140/2012, welcher den Vertretern der Beschwerdeführerin am 27. Juni 2013 zugestellt wurde, erhebt diese unter Vorlage des angefochtenen Bescheides (**Beilage ./1**) rechtzeitig

BESCHWERDE

an den Verfassungsgerichtshof gemäß Art. 144 (1) B-VG.

Der Berufungsbescheid wird zur Gänze angefochten.

Durch den angefochtenen Bescheid wurde die Beschwerdeführerin in dem ihr durch Art. 18 B-VG und Art. 6 EMRK verfassungsgesetzlich gewährleisteten Recht auf Akteneinsicht in einen Gesetzgebungsakt des Landes Wien verletzt.

I.
SACHVERHALT

Vorweg sei auf die dg. Akten und Beschlüsse vom 13. März 2013, B 1304/12 und G 108/12, verwiesen.

1) Die Beschwerdeführerin ist Eigentümerin der Liegenschaften EZ 1348 und 1354 Grundbuch 01510 Pötzleinsdorf.

Friedrich LIND war vom 2. Juli 2007 bis 11. Oktober 2011 selbständig vertretungsbefugter Geschäftsführer der Beschwerdeführerin und ist seit 11. Oktober 2011 als deren Prokurist selbständig vertretungsbefugt.

DAS GEBOGENE RECHT

Es lebe die Transparenz!

Selbst die Anfrage einer Abgeordneten des Wiener Landtags, in den Gesetzgebungsakt Einsicht nehmen zu dürfen, wurde vom Bürgermeister strikt abgelehnt. Es lebe die Transparenz!

DER LANDESHAUPTMANN
VON WIEN

Wien, 20. Juni 2012

Sehr geehrte Frau Landtagsabgeordnete!

Zu Ihrer schriftlichen Anfrage vom 27. April 2012 betreffend Rechtssicherheit für Wiener Kleingärtner teile ich Ihnen Folgendes mit:

Aus den einschlägigen Bestimmungen der Wiener Stadtverfassung sowie der Geschäftsordnung des Landtages für Wien ergibt sich, dass dem Interpellationsrecht der Landtagsabgeordneten ausschließlich Angelegenheiten aus dem Bereich der Vollziehung des Landes unterliegen.

Die gegenständlichen Fragen allerdings beziehen sich einerseits auf Vorgänge im Zusammenhang mit dem Beschluss des Wiener Landtages vom 9. August 1996 über das Wiener Kleingartengesetz 1996 und somit auf eine Angelegenheit der Gesetzgebung, andererseits betreffen sie den eigenen Wirkungsbereich der Gemeinde. Der erforderliche Konnex zum Bereich der Vollziehung des Landes ist daher insgesamt nicht gegeben.

Unabhängig davon weise ich darauf hin, dass sowohl der Verfassungsgerichtshof als auch der Verwaltungsgerichtshof das ordnungsgemäße Zustandekommen des Wiener Kleingartengesetzes 1996 geprüft und nicht beanstandet haben.

Mit freundlichen Grüßen

Dr. Michael Häupl

Frau
Landtagsabgeordnete
Henriette Frank

Bewusst die Unwahrheit?

Als wir die Behörde über diesen Fehler informierten, kam es im Oktober 2011 bei der Stadt Wien zu einer Sitzung, wo beschlossen wurde, wie man diesen Lapsus „aus der Welt schaffen" kann. Das Ergebnis kann man in einem Schreiben der Magistratsdirektion der Stadt Wien vom 21. November 2011 nachlesen, wo Obersenatsrat Dr. Peter Krasa an den Verfassungsgerichtshof einfach eine vorsätzlich falsche Auskunft gibt (siehe Seiten 86–88).

Er behauptet in diesem Schreiben, dass die im Gemeinderatsausschuss beschlossene Abänderung auch in der Landtagssitzung vom 9. August 1996 beschlossen wurde. Das ist jedoch nachweislich falsch und für jedermann im Wiener Stadtarchiv überprüfbar.

DAS GEBOGENE RECHT

MAGISTRATSDIREKTION DER STADT WIEN
GESCHÄFTSBEREICH RECHT
VERFASSUNGSDIENST UND EU-ANGELEGENHEITEN

BOB - 321/11
18. Ladenburghöhe 25, Parzelle 2;
Verfassungsgerichtshof-
beschwerde

zu VfGH Zl. B 732/11-13 /14

Wien,

Rathaus, 1082 Wien
Tel.: 01/4000-82317
Fax: 01/4000-99-82310
e-mail: bobe@md-v.wien.gv.at
DVR 0000191

An den
Verfassungsgerichtshof

Judenplatz 11
1010 Wien

VERFASSUNGSGERICHTSHOF
VERWALTUNGSGERICHTSHOF

Eingel. 23. Nov. 2011

Pers. Postaufgabe .... Uhrzeit: ....
....2....fach ....Beilagen
........Vollmacht ......Vermögensbekenntnis
Verwaltungsakten ..0..........

Beschwerdeführende Partei: GH Immobilienmakler GmbH,
1180 Wien, Gersthofer Straße 30/17,
vertreten durch
Dr. Adrian Hollaender,
Rechtsanwalt,
1190 Wien, Aslangasse 8/2/4

Belangte Behörde: Bauoberbehörde für Wien,
1082 Wien, Rathaus

Angefochtener Bescheid: Bescheid der Bauoberbehörde für
Wien vom 5. Mai 2011, Zl. BOB - 76/11

Stellungnahme

2fach
mit Unterlagen

DAS GEBOGENE RECHT

BOB - 321/11

Die Magistratsdirektion - Geschäftsbereich Recht, Gruppe Verfassungsdienst und EU-Angelegenheiten, gestattet sich zu der behaupteten Verfassungswidrigkeit des Gesetzes über Kleingärten (Wiener Kleingartengesetz 1996) unter Vorlage der relevanten Schriftstücke mitzuteilen, dass zu dem am 28. Juni 1996 als Regierungsvorlage eingebrachten Entwurf des Gesetzes über Kleingärten (Wiener Kleingartengesetz 1996) in dem zuständigen Gemeinderatsausschuss für Stadtentwicklung, Stadtplanung und Außenbeziehungen der Stadt Wien der Abänderungsantrag der Abgeordneten Franz-Karl Effenberg, Susanne Kovacic und Dipl.-Ing. Dr. Herlinde Rothauer beschlossen wurde, der die Gesetzesvorlage auch in Bezug auf den hier relevanten § 15 Abs. 1 abänderte. Dieser im Gemeinderatsausschuss am 1. August 1996 beschlossene Abänderungsantrag bildet mit der als Regierungsvorlage eingebrachten Gesetzesvorlage den in der Beilage Nr. 31/1996, PrZ 1268/96-MDPLTG, enthaltenen Gesetzesentwurf, der in der Sitzung des Wiener Landtages am 9. August 1996 samt einem weiteren (in dieser Sitzung) eingebrachten Abänderungsantrag zum Beschluss erhoben und in der Folge im Landesgesetzblatt für Wien Nr. 57/1996 als Gesetz über Kleingärten (Wiener Kleingartengesetz 1996) kundgemacht wurde. Bei einem Vergleich des in der Beilage Nr. 31/1996 enthaltenen Gesetzesentwurfes (unter Berücksichtigung des Abänderungsantrages) lassen sich die von der Beschwerdeführerin behaupteten Abweichungen zu dem im Landesgesetzblatt für Wien Nr. 57/1996 kundgemachten Gesetz über Kleingärten (Wiener Kleingartengesetz 1996) nicht feststellen.

Zu bemerken ist, dass der Gesetzesentwurf, der dem Wiener Landtag als Beilage Nr. 31/1996, 1268/96-MDPLTG, zur Beschlussfassung vorgelegen ist, in der Informationsdatenbank des Wiener Landtages und des Wiener Gemeinderates insofern unvollständig erfasst wurde, als der am 1. August 1996 im Gemeinderatsausschuss für Stadtentwicklung, Stadtplanung und Außenbeziehungen der Stadt Wien beschlossene Abänderungsantrag der Abgeordneten Franz-

BOB - 321/11

- 3 -

Karl Effenberg, Susanne Kovacic und Dipl.-Ing. Dr. Herlinde Rothauer, der die Gesetzesvorlage auch in Bezug auf § 15 Abs. 1 abänderte und der als Bestandteil der Beilage Nr. 31/1996 dem Wiener Landtag zur Beschlussfassung vorgelegen ist, nicht eingearbeitet worden ist.

Für den Magistratsdirektor:

Mag. Erwin Streimelweger

Dr. Peter Krasa
Obersenatsrat

Des Weiteren schreibt Obersenatsrat Dr. Krasa, in der Informationsdatenbank des Wiener Landtags wurde der Beschluss unvollständig erfasst, indem eben die Abänderungsanträge nicht eingearbeitet worden seien. Auch diese Behauptung ist falsch. Das Wiener Stadt- und Landesarchiv (MA 8) hat uns schriftlich unter Wahrheitspflicht „mit Amtssiegel" bestätigt, dass in der Informationsdatenbank exakt der Beschluss erfasst wurde, der auch in der Landtagssitzung vom 9. August 1996 im amtlich beurkundeten Protokoll aufscheint (S. 91). Wer wissentlich die Unwahrheit sagt, lügt. Wer in einem amtlichen Verfahren lügt, der begeht Amtsmissbrauch. Wer Amtsmissbrauch begeht, ist ein Verbrecher. „Für mich", so Friedrich, „ist das ein für einen Rechtsstaat unwürdiges Verbrechen und Obersenatsrat Dr. Krasa eindeutig der Übeltäter."

DAS GEBOGENE RECHT

GH Immobilienmakler GmbH

Magistratsdirektion der Stadt Wien
Geschäftsbereich Recht
Verfassungsdienst und EU-Angelegenheiten
Rathaus
1082 Wien

2014 04 14
FL/PÖ, GH Imm. Korr.,
Magistratsdir. Verfassungs-
dienst u. EU-Angel.

Ihr Schreiben an den Verfassungsgerichtshof zu VfGH Ze B 732/11-13
vom 21.11.2011

Sehr geehrter Herr Mag. Streimelweger,
sehr geehrter Herr OSR Dr. Peter Krasa,

zu Ihrer Darstellung in oben angeführtem Schreiben halten wir der Ordnung halber fest:

Richtig ist, dass es zum Wiener Kleingartengesetz 1996 am 28.06.1996 eine Regierungsvorlage gab.

Richtig ist, dass diese dem zuständigen Gemeinderatsausschuss für Stadtentwicklung, Stadtplanung und Aussenbeziehungen der Stadt Wien zugewiesen wurde.

Richtig ist, dass in diesem Ausschuß am 01.08.1996 von den Abgeordneten Franz Karl Effenberg, Susanne Kovacic und DI Dr. Herlinde Rothauer ein Abänderungsantrag beschlossen wurde.

Falsch ist, dass in der Landtagssitzung vom 09.08.1996 die obgenannte Regierungsvorlage mitsamt den obgenannten Abänderungsantrag zum Beschluss erhoben wurde (eine einfache, für jedermann mögliche Einsicht in das amtlich beurkundete Beschluss- und Wortprotokoll widerlegt ihre Behauptungen. Zum Beschluss wurde unmissverständlich nur die ursprüngliche Regierungsvorlage ohne den obgenannten Abänderungsantrag erhoben).

Falsch ist, dass diese Beschlussgrundlage in der Informationsdatenbank des Wiener Landtages und des Wiener Gemeinderates unvollständig erfasst wurde. (eine für jeden mögliche Einsicht in das amtlich beurkundete Protokoll zeigt, dass in der Informationsdatenbank exakt die gleiche Beschlussgrundlage wie im Protokoll abgelegt ist).

Diese Tatsachen kennen Sie zwar, wir wollten sie nur nochmals festhalten.

Mit freundlichen Grüßen

GH Immobilienmakler GmbH

1180 Wien, Gersthoferstraße 30/17
FN 213587 z, UID-Nr.: ATU53848902
Tel. 402 29 02, Fax 479 67 68

DAS GEBOGENE RECHT

GH Immobilienmakler GmbH

Archiv der Stadt Wien
Magistratsabteilung 8
z. Hd. Frau Mag. Dr. Brigitte Rigele
Gasometer D, Guglgasse 14
Rathaus
1082 Wien

2014 07 23
FL/PÖ, GH Imm. Korr.
Archiv d. Stadt Wien

Auskunft gemäß Wiener Auskunftspflichtgesetz

Sehr geehrte Frau Doktor Rigele,

am 09.08.1996 wurde das Wiener Kleingartensetz 1996 im Wiener Landtag beschlossen.

Der Beschluss, die Beschlussgrundlage und das Wortprotokoll dazu sind im Archiv der Stadt Wien abgelegt.

Zusätzlich existiert eine elektronisch abrufbare Informationsdatenbank (INFODAT), in der diese Unterlagen ebenfalls abgerufen werden können.

Ist die im Wiener Stadtarchiv abgelegte Beschlussgrundlage für das Wiener Kleingartengesetz 1996 (Beilage Nr. 31/1996, PrZ 1268/96 – MDPLTG) ident mit der in der Informationsdatenbank bestehenden Fassung?

Mit der Bitte um Beantwortung,

grüßt freundlich

GH Immobilienmakler GmbH

1180 Wien, Gersthoferstraße 30/17
FN 213587 z, UID-Nr.: ATU53848902
Tel. 402 29 02, Fax 479 67 68

DAS GEBOGENE RECHT

GH Immobilienmakler GmbH
Gersthofer Straße 30/17
1180 Wien

StaDt+Wien

Magistrat der Stadt Wien
Magistratsabteilung 8
Wiener Stadt- und Landesarchiv
Gasometer D, Wien 11, Guglgasse 14
Postanschrift: Rathaus, A-1082 Wien
Tel.: +43 1 40 00 - Nebenstelle
Fax: +43 1 40 00-84809
E-Mail: post@ma08.wien.gv.at
www.archiv.wien.at

MA 8 – GU-841884/2014   04.08.2014

Sehr geehrte Frau Hrabik!

In der Informationsdatenbank des Wiener Landtages und Gemeinderates sind alle darin abrufbaren Dokumente ident mit den authentischen Originaldokumenten, die in Papierform im Wiener Stadt- und Landesarchiv ebenfalls öffentlich zugänglich sind. Das betrifft auch das Wiener Kleingartengesetz 1996 Beilage Nr 31/1996, PrZ 1268/96.

Sachbearbeiterin:
Dr^{in} Barbara Steininger
Tel.: (+43 1) 40 00-84851

Mit freundlichen Grüßen
Die Abteilungsleiterin:
i.V.:

(Dr. Heinrich Berg MAS)
Oberarchivrat
elektronisch gefertigt

Dieses Dokument wurde amtssigniert.
Information zur Prüfung der elektronischen
Signatur und des Ausdrucks finden Sie unter:
https://www.wien.gv.at/amtssignatur

Die abgewürgte Strafanzeige.

Da der Verfassungsgerichtshof eine Beschwerde mit der Begründung ablehnte, dass wir keine Klage gegen den Verfasser des Briefes der Magistratsdirektion erstattet haben, wurde eine Sachverhaltsmitteilung bei der Staatsanwaltschaft Wien samt Privatbeteiligtenanschluss eingereicht. Innerhalb von wenigen Tagen wurde diese Strafanzeige ohne nähere Prüfung eingestellt und auch eine Fortführung auf eigene Kosten abgelehnt.

Die Einstellung erfolgte gemäß § 190 Z 2 StPO, weil kein tatsächlicher Grund zur weiteren Verfolgung besteht.

Beisatz: "betrifft die Anzeige vom 24.9.2012 und 8.10.2012 wegen des Verdachts der Täuschung sowie des Amtsmissbrauchs, begangen durch unbekannte Täter, indem diese es unterlassen hätten, den Verwaltungsgerichtshof und Verfassungsgerichtshof richtig zu informieren (nämlich über das Nichtvorliegen eines Gesetzesbeschlusses des Wiener Landtages) sowie durch Vorlage unvollständiger Gesetzgebungsakte an die Höchstgerichte - Einstellung des Ermittlungsverfahrens mangels Erweislichkeit einer strafbaren Handlung";

DAS GEBOGENE RECHT

Zuständiger Richter SPÖ-Mitglied?

Es ist beschämend für einen Rechtsstaat wie Österreich, dass selbst Höchstgerichte Fakten willkürlich ignorieren. Liegt das daran, dass der zuständige Richter beim Verfassungsgerichtshof als ehemaliger Kanzleileiter des SPÖ-Bundeskanzlers Gusenbauer die Wünsche der Stadt Wien erfüllen möchte?

GH Immobilienmakler GmbH

An den
Verfassungsgerichtshof
z. Hd. Herrn Dr. DI Walter Faunie
Freyung 8
1010 Wien

2014 05 12
FL/PÖ, GH Imm., Korr.,
Verfassungsgerichtshof

Zusammenfassung VFGH Entscheidungen
G124/11-3, B732/11-18, B1222/12-7, G119/12-4
B1304/12-4, G1594/2013-6, B800/2013-6

Sehr geehrter Herr Dr. Dipl.Ing. Faunie,

da Sie laut unserem Wissensstand sämtliche o.a. Entscheidungen bearbeitet haben, wenden wir uns an Sie.

Für die Gültigkeit eines Landesgesetzes in Wien sind der Beschluss, die Gegenzeichnung des Bürgermeisters und des Magistratsdirektors sowie die ordnungsgemäße Kundmachung notwendig.

Was im Landtag beschlossen wird, ist in einem amtlich zu beurkundendem Protokoll (Wortprotokoll und Beschlussprotokoll) im Archiv der Stadt Wien abzulegen.

Das Protokoll liegt vor Archivierung zur Einsichtnahme auf, und wird vom Präsidenten des Landtags gegengezeichnet und damit gültig.

Das Protokoll ist somit der unstrittige Nachweis, um feststellen zu können, was beschlossen wurde.

Dieses Protokoll ist für jedermann einsehbar.

Die Gültigkeit solcher Protokolle anzuzweifeln würde das österreichische Rechtssystem zum Einsturz bringen.

Der Verfassungsgerichtshof entscheidet nicht nur sachlich sondern auch formell begründet.

Als Beispiel führen wir die Entscheidung B 851–853/99-6 an, bei der das Bundesgesetz aus Sicht des Verfassungsgerichtshofes allein deshalb schon ungültig ist, weil bei der Gegenzeichnung des Gesetzes zwar der Bundeskanzler und der Bundespräsident unterschrieben haben, aber der Name der beiden nicht in Blockschrift dazugeschrieben wurde.

DAS GEBOGENE RECHT

Eine äußerst strenge und rein formale Entscheidung, da sowohl nachvollziehbar ist, wer zum gegebenen Zeitpunkt Bundespräsident als auch Bundeskanzler war und die Unterschriften ob ihrer Echtheit auch 100% sicher nachvollzogen werden können.

Im Fall des WKLGG 1996 existiert unstrittigerweise folgendes Faktum:

Der Beschluss des WKLGG 1996 weicht lt. Protokoll von der Kundmachung in 31 Punkten ab.

Einen triftigeren Grund für die Ungültigkeit eines Gesetzes gibt es nicht.

Aber das ist nicht der einzige Fehler:

Der Gesetzesentwurf wurde im Ausschuss für Stadtentwicklung, Stadtplanung und Außenbeziehungen der Stadt Wien am 01.08.1996 behandelt und auch abgeändert.

Ein **Protokoll** welches vom Ausschussvorsitzenden, dem Schriftführer und dem zuständigen Stadtrat gefertigt wurde, **gibt es nicht.**

Die **Abänderung** der Regierungsvorlage wurde **an die Abgeordneten nicht weitergeleitet.**

Selbst wenn das oben angeführte alles ordnungsgemäß erfolgt wäre, hätte bei Abänderungen der Regierungsvorlage der Berichterstatter laut Wiener Stadtverfassung diese Änderung verpflichtend dem Plenum erläutern müssen.

Dies wurde laut Wortprotokoll nicht gemacht.

Ergänzend führen wir an, dass zwischen Ausschusssitzung und Landtagsitzung lediglich 5 Arbeitstage lagen, es war Urlaubszeit, die Sitzung war eine Sondersitzung und eine Unterlagenweitergabe per E-Mail hat noch nicht existiert.

Zusätzlich wurden in der mehr als 12 Stunden dauernden Landtagsitzung am 08.09.1996 zahlreiche Gesetze geändert, wodurch große Hektik herrschte.

Ein Abgeordneter sollte wissen, worüber er abstimmt.

In diesem Fall kennt er die Regierungsvorlage, erhält vom Berichterstatter jedoch keinen Bericht über Änderungen, die im Ausschuss beschlossen wurden, und stimmt dem zu.

Der Fassung mit Änderung hätte er möglicherweise nicht zugestimmt.

Die „Grünen" waren z.B. im Ausschuss nicht vertreten.

Dies nur zu den materiellen Fehlern.

Formell genügt wohl, nicht zuletzt im Hinblick auf B 851-853/99-6, dass lt. Protokoll tatsächlich eine andere Beschlussgrundlage beschlossen wurde, als kundgemacht.

Das alles haben Sie bei ihrer Entscheidung B1222/12-7 vom 13.03.2013 und auch bei allen anderen außer acht gelassen.

GH Immobilienmakler GmbH

Sie stützen sich allein auf eine falsche Stellungnahme der Magistratsdirektion deren Inhalt innerhalb von Minuten durch Einsicht in das Archiv via Internet widerlegbar ist.

Offensichtlich folgt auch der Verfassungsgerichtshof politischen Wünschen.

Wenn man etwas ablehnen will, findet sich immer ein Grund, genauso finden sich immer Gründe, wenn man Fehler oder unliebsame Ergebnisse zudecken oder verhindern möchte.

Die Aussage von Präsident Holzinger, dass vom VFGH strikt zu beurteilen sei, ob materiell und formell das Gesetz richtig beschlossen wurde, ist somit reine Theorie.

Für das Rechtssystem ist das beschämend.

Oder wurden die übrigen Richter gar nicht ausführlich informiert?

Dass der zuständige Richter ausgewiesenes SPÖ Mitglied ist und es oberster Wunsch der Stadt Wien ist, den falschen Gesetzesbeschluss zu vertuschen, ist wohl reiner Zufall.

Alle unsere Ausführungen bewirken nichts, aber sie bringen doch Genugtuung, sie nochmals dargestellt und damit aufgezeigt zu haben, wie Österreich wirklich funktioniert.

Mit freundlichen Grüßen

GH Immobilienmakler GmbH

Europäischer Gerichtshof für Menschenrechte.

Eine von uns eingebrachte Menschenrechtsbeschwerde beim Europäischen Gerichtshof läuft noch. Allerdings hat der Europäische Gerichtshof für Menschenrechte schon eine überlange Verfahrensdauer festgestellt.

Stadtrat vs. Verwaltungsgerichtshof.

Doch es wurde immer skurriler: Der Wiener Wohnbaustadtrat Michael Ludwig hielt in einer Anfragebeantwortung nach dem Auskunftspflichtgesetz entgegen der oberinstanzlichen Entscheidung des Verwaltungsgerichtshofes ausdrücklich fest, dass der § 7 des Wiener Kleingartengesetzes die erlaubten Baumaßnahmen nicht abschließend regelt.

Demnach wäre unser Bauansuchen schon 2006 von der Behörde zu genehmigen gewesen und sämtliche anderen Verfahren überflüssig. Deswegen haben wir entsprechende Anträge an den Wiener Bürgermeister und Landeshauptmann, den Magistrat der Stadt Wien/Baupolizei und die Wiener Landesregierung auf amtswegige Aufhebung eingebracht. Diese wurden – wie nicht anders zu erwarten – wieder abgeschmettert, worauf wir entsprechend juristisch geantwortet haben.

Rathaus, bitte melden!

Nachdem es auf unsere Anträge an den Wiener Bürgermeister und Landeshauptmann, den Magistrat der Stadt Wien/Baupolizei und die Wiener Landesregierung keine Bescheide gab, haben wir eine entsprechende Säumnisbeschwerde beim Landesverwaltungsgericht Wien eingebracht.

DAS GEBOGENE RECHT

Seite 1

An das
Landesverwaltungsgericht Wien

Belangte Behörden: Magistrat der Stadt Wien - Baupolizei, Rathaus, 1010 Wien;
Landeshauptmann von Wien, 1010 Wien;
Wiener Landesregierung, Rathaus, 1010 Wien;
Land Wien (als Rechtsträger), Rathaus, 1010 Wien.

Beschwerdeführerin: GH Immobilienmakler GmbH

Rechtsvertretung:

RECHTSANWALTSKANZLEI
DR. ADRIAN HOLLAENDER
ASLANGASSE 8 / 2 / 4, A-1190 WIEN
REPUBLIK ÖSTERREICH
(UNTER BERUFUNG AUF DIE ERTEILTE VOLLMACHT)

Säumnisbeschwerde

Wien, am 27. 12. 2014

- elektronisch erstelltes Dokument (PDF-Dokument) -

DAS GEBOGENE RECHT

1.) Sachverhalt:

Am 14. 5. 2014 stellte die Beschwerdeführerin (GH Immobilienmakler GmbH) schriftliche **Anträge** an

1.) an den Wiener Bürgermeister als Landeshauptmann
2.) an den Magistrat der Stadt Wien - Baupolizei
3.) an die Wiener Landesregierung.

Gegenstand war jeweils die Aufhebung bestimmter, in den Anträgen näher bezeichneter Rechtsakte der Behörde gemäß § 68 AVG.

Diese Anträge wurden behördenseitig unter den Geschäftszahlen **MDR - 1809-2012-49 und 50** sowie unter der Geschäftszahl **GWS-415547/2014/For/eli** registriert.

Hinsichtlich dieser Anträge wurde **bis heute kein Bescheid erlassen**, obwohl antragstellerseitig ein Recht auf Bescheiderlassung postuliert worden war.

Daher wird hiermit

SÄUMNISBESCHWERDE

erhoben und im Zuge selbiger der Antrag gestellt, die Säumnis der belangten Behörde festzustellen.

2.) Begründung der Säumnisbeschwerde:

Die Beschwerde wegen Verletzung der Entscheidungspflicht durch eine Verwaltungsbehörde kann dann erhoben werden, wenn die Behörde die Sache nicht innerhalb von sechs Monaten, wenn aber gesetzlich eine kürzere oder längere Entscheidungsfrist vorgesehen ist, innerhalb dieser entschieden hat.

Stadt Wien säumig.

Das Verwaltungsgericht Wien wies unsere Säumnisbeschwerde als unzulässig zurück, stellte aber tatsächlich fest, dass die Stadt Wien säumig war. Gegen dieses Urteil brachten wir schließlich eine Außerordentliche Revision beim Verwaltungsgerichtshof ein. Eine Entscheidung wurde noch nicht gefällt.

Ein juristischer Teilerfolg.

Am 3. Oktober 2013 haben wir bei der MA 37/Baupolizei den Antrag gestellt, den Abbruchbescheid vom 29. November 2002 ersatzlos aufzuheben oder zumindest abzuändern. Diesen Antrag hat die MA 37/Baupolizei mit Bescheid vom 16. Dezember 2013 als „unzulässig zurückgewiesen". Wir haben dagegen am 30. Dezember 2013 berufen. Endlich ein Teilerfolg: Am 8. Mai 2014 hat das Verwaltungsgericht unserer Beschwerde Folge gegeben und den angefochtenen Bescheid allerdings nur wegen Unzuständigkeit der MA 37/Baupolizei aufgehoben. Zuständig wäre die Bauoberbehörde, die es allerdings nicht mehr gibt. An ihre Stelle tritt nun das Verwaltungsgericht Wien. Dieses teilt aber mit, dass nur die Behörde die Befugnis hat, einen Bescheid amtswegig abzuändern bzw. zu beheben. Der Partei selbst steht kein subjektives Recht auf einen solchen behördlichen Akt zu. Die Behörde hat ihre Befugnis bis dato nicht ausgeübt.

DAS GEBOGENE RECHT

VERWALTUNGSGERICHT
WIEN

```
EINGELANGT
2 8. Mai 2014
SCHUPPICH SPORN & WINISCHHOFER
Rechtsanwälte
```

1190 Wien, Muthgasse 62
Telefon: (43 01) 4000 DW 38700
Telefax: (43 01) 4000 99 38700
E-Mail: post@vgw.wien.gv.at
DVR: 4011222

GZ: VGW-211/056/20447/2014/A-9　　　　　　　　　　Wien, 8.5.2014
GH Immobilienmakler GmbH

IM NAMEN DER REPUBLIK

Das Verwaltungsgericht Wien hat durch seine Richterin Dr. Zeller über die Beschwerde der GH Immobilienmakler GmbH, vertreten durch Schuppich Sporn & Winischhofer, Rechtsanwälte in 1010 Wien, Falkestraße 6, gegen den Bescheid des Magistrates der Stadt Wien, Magistratsabteilung 37, Baupolizei, vom 16.12.2013, Aktenzahl MA37/18-21324-7-4/2005, betreffend Antrag auf Behebung des Bescheides vom 29.11.2002 - Zurückweisung,

zu Recht erkannt:

I. Gemäß § 28 Abs. 1 VwGVG wird die Beschwerde Folge gegeben und der angefochtene Bescheid wegen Unzuständigkeit der belangten Behörde behoben.

II. Gegen dieses Erkenntnis ist gemäß § 25a VwGG eine ordentliche Revision an den Verwaltungsgerichtshof nach Art. 133 Abs. 4 B-VG unzulässig.

Entscheidungsgründe

Mit Bescheid des Magistrates der Stadt Wien, Magistratsabteilung 37 – Baupolizei, Außenstelle für den 18. Bezirk, vom 29.11.2002, Zl. EZ 37/18 – Ladenburghöhe Gst. 603/44/1972/2002, 18. Bezirk, Ladenburghöhe ONr. sind Gst.Nr. 603/44, EZ 1354 der Kat. –Gem. Pötzleinsdorf, wurde der GH

Beschwerde gegen die Wiener Landesregierung.

Im März 2013 wurde bei der MA 25 um Einstellung des Vollstreckungsverfahrens angesucht, da mittlerweile Genehmigungen für ca. 90 Prozent der Gebäude vorlagen. Im September 2013 wurde dieses Ansuchen wegen „entschiedener Sache" zurückgewiesen. Dagegen wurde Beschwerde beim Verfassungsgerichtshof erhoben. Dieser hat die Behandlung abgelehnt und an den Verwaltungsgerichtshof verwiesen.

Am 15. Mai 2014 haben wir unsere Beschwerde beim Verwaltungsgerichtshof gegen die belangte Behörde Wiener Landesregierung, MA 64, ergänzt. Was folgte war wieder eine Abweisung. Am 24. Juni 2014 hat der Verwaltungsgerichtshof unsere Revision gegen den Bescheid der Wiener Landesregierung als „unbegründet" abgewiesen.

DAS GEBOGENE RECHT

REPUBLIK ÖSTERREICH
VERWALTUNGSGERICHTSHOF

EINGELANGT
16. Juli 2014
SCHUPPICH SPORN & WINISCHHOFER
Rechtsanwälte

Im Namen der Republik

DAS GEBOGENE RECHT

Zl. Ro 2014/05/0050-5

Der Verwaltungsgerichtshof hat durch den Vorsitzenden Senatspräsident Dr. Kail und die Hofräte Dr. Enzenhofer und Dr. Moritz sowie die Hofrätinnen Dr. Pollak und Mag. Rehak als Richter, im Beisein der Schriftführerin Mag. Sußner, über die Revision der GH Immobilienmakler GmbH in Wien, vertreten durch Schuppich Sporn & Winischhofer Rechtsanwälte GmbH in 1010 Wien, Falkestraße 6, gegen den Bescheid der Wiener Landesregierung vom 28. November 2013, Zlen. MA 64 - 749522/2013/1 und MA 64 - 749522/2013/2, betreffend Zurückweisung von Anträgen wegen entschiedener Sache, zu Recht erkannt:

Die Revision wird als unbegründet abgewiesen.

Entscheidungsgründe:

Aus dem angefochtenen Bescheid und der ergänzten Beschwerde ergibt sich Folgendes:

Mit Bescheid des Magistrates der Stadt Wien, Magistratsabteilung 25, vom 3. September 2013, Zl. M 25/005441/2011-21 wurde der Antrag der Revisionswerberin vom 14. März 2013 auf Einstellung des Vollstreckungsverfahrens zur Zl. M 25/02278/2005 gemäß § 68 Abs. 1 AVG wegen entschiedener Sache zurückgewiesen.

Mit Bescheid des Magistrates der Stadt Wien, Magistratsabteilung 25, vom 3. September 2013, Zl. M 25/005440/2011-21, wurde der Antrag der Revisionswerberin vom 14. März 2013 auf Einstellung des Vollstreckungsverfahrens zur Zl. M 25/02284/2005 gemäß § 68 Abs. 1 AVG wegen entschiedener Sache zurückgewiesen.

(24. Juni 2014)

Ein neuer Versuch.

Ende August 2014 haben wir schließlich den nächsten Anlauf genommen und nochmals den Verfassungsgerichtshof angerufen, das Verfahren wieder aufzunehmen, da der für uns so wesentliche und alles entscheidende Satz im Wiener Kleingartengesetz „Darüber hinaus sind Baulichkeiten der bestehenden Höhenlage möglichst anzupassen." vom Wiener Landtag nicht beschlossen wurde.

Am 23. Februar 2015 folgte schließlich der Beschluss des Verfassungsgerichtshofes, der ausgesprochen hat, dass sich unser dritter Wiederaufnahmeantrag zwar auf einen gesetzlichen Wiederaufnahmegrund gestützt hat, der rechtzeitig gestellt wurde und zulässig war. Das Höchstgericht hielt auch fest, dass damit auch ein vorausgegangener Wiederaufnahmeantrag bekämpft werden könnte, nicht aber dann, wenn der neue Wiederaufnahmegrund schon im „Hauptprozess" im Dezember 2011 bereits geltend gemacht hätte werden können. Damit wurde der Wiederaufnahmeantrag als unzulässig zurückgewiesen.

DAS GEBOGENE RECHT

SCHUPPICH SPORN & WINISCHHOFER
RECHTSANWÄLTE

Wien, am 27. August 2014

VERFASSUNGSGERICHTSHOF

Freyung 8
1010 Wien

B 1222/12
B 732/11

SCHRIFTSATZ IM WebERV ÜBERMITTELT

DR. WALTER SCHUPPICH (1921-1999)
DR. WERNER SPORN
DR. MICHAEL WINISCHHOFER*
DR. MARTIN SCHUPPICH **
DR. HAIG ASENBAUER, LL.M.***
DR. FELIX WINISCHHOFER, LL.M.****
DR. ANGELA WERNER
DR. ALEXANDER SPORN, LL.M.
DR. TANJA ARNOLD
MAG. ANDREAS HABELER
DR. ERNST OTT
DR. BERNHARD MARUSSIG

* zugelassen auch in der Bundesrepublik Deutschland
** auch eingetragener Mediator
*** akademisch geprüfter Europarechtsexperte
**** zugelassen auch in New York, U.S.A.

A-1010 WIEN, FALKESTRASSE 6
TELEFON: +43 (1) 512 47 99
TELEFAX: +43 (1) 513 40 64
ADVM-Code P 111579
e – mail: office@falke.at
http://www.falke.at/
UID-Nummer ATU-63997116
BANK AUSTRIA Konto 51594 013 779

234/11 Zivil.rtf

Beschwerdeführerin/
Antragstellerin:

GH Immobilienmakler GmbH
Gersthofer Straße 30
1180 Wien
Partnerschaft

vertreten durch:

SCHUPPICH SPORN & WINISCHHOFER
Rechtsanwälte
1010 Wien, Falkestraße 6
Tel. 512 47 99 Code: P 111579
(Vollmacht erteilt)

Belangte Behörde/
Antragsgegnerin:

BAUOBERBEHÖRDE FÜR WIEN
Rathaus, Stiege 8/2. Stock
1082 Wien

nunmehr:
VERWALTUNGSGERICHT WIEN
Muthgasse 62/Riegel C
1190 Wien

A N T R A G
AUF WIEDERAUFNAHME DES VERFAHRENS

3-fach
12 Beilagen (3-fach)

Member of
MACKRELL
INTERNATIONAL
An association of Independent law firms

in Algeria, Argentina, Australia, Austria, Belgium, Bolivia, Brazil, Canada, Channel Islands, Chile, Colombia, Cyprus, Czech Republic, Denmark, Ecuador, Finland, France, Germany, Greece, Guernsey, Hong Kong, Hungary, India, Republic of Ireland, Israel, Italy, Japan, Korea, Malaysia, Mexico, Netherlands, New Zealand, Norway, Paraguay, Peru, Poland, Portugal, Russia, Singapore, South Africa, Spain, Sweden, Switzerland, Taiwan, Turkey, Ukraine, United Arab Emirates, United Kingdom, United States, Uruguay, Venezuela, Vietnam

DAS GEBOGENE RECHT

Der Verwaltungsgerichtshof spricht.

Mit 27. August 2014 entschied der Verwaltungsgerichtshof entgegen allen sachlichen Argumenten wieder gegen uns. Bei unserem „Objekt West" (einem der beiden gekuppelten Häuser) hätten wir durch die Geländeveränderungen – Anschüttungen und Abgrabungen – die Zulässigkeit des Baues erst herbeigeführt und nicht nur an die bestehende Höhenlage angepasst. Daran würden auch die Hanglage und die Tatsache, dass sich Anschüttungen und Abgrabungen die Waage halten, nichts ändern.

Das ist zweifach falsch:

- Im Erlass der MA 37 (Allg. 215/01) wird festgehalten, dass Geländeveränderungen bzw. Veränderungen der Höhenlage zulässig sind, wenn „die Anschüttungen nicht größer als die Abgrabungen" sind. Daran müsste sich der Verwaltungsgerichtshof zwar nicht halten, Fakt ist aber: Die Behörde wendet diese Bestimmung – außer in unserem Fall – weiterhin an.

- Auf unserem Einreichplan ist selbst für Laien nachvollziehbar, dass das Gebäude auch ohne Geländeveränderung zulässig ist. Das Gebäude ist sowohl in Bezug auf das alte als auch auf das neue Gelände dargestellt.

DAS GEBOGENE RECHT

REPUBLIK ÖSTERREICH
VERWALTUNGSGERICHTSHOF

```
EINGELANGT
- 9. Okt. 2014
SCHUPPICH SPORN & WINISCHHOFER
Rechtsanwälte
```

Im Namen der Republik

Der Verwaltungsgerichtshof hat durch den Vorsitzenden Senatspräsident Dr. Kail und die Hofräte Dr. Enzenhofer und Dr. Moritz sowie die Hofrätinnen Dr. Pollak und Mag. Rehak als Richter, im Beisein der Schriftführerin Mag. Sußner, über die Beschwerde der GH Immobilienmakler GmbH in Wien, vertreten durch Partnerschaft Schuppich Sporn & Winischhofer Rechtsanwälte in 1010 Wien, Falkestraße 6, gegen den Bescheid der Bauoberbehörde für Wien vom 19. September 2012, Zl. BOB-122/12, betreffend Versagung einer Baubewilligung (weitere Partei: Wiener Landesregierung), zu Recht erkannt:

Die Beschwerde wird als unbegründet abgewiesen.

Die beschwerdeführende Partei hat der Bundeshauptstadt Wien Aufwendungen in der Höhe von € 610,60 binnen zwei Wochen bei sonstiger Exekution zu ersetzen.

Entscheidungsgründe:

Mit Bauansuchen vom 16. November 2011 beantragte die Beschwerdeführerin eine nachträgliche Baubewilligung für ein Kleingartenwohnhaus auf dem Grundstück Nr. 603/32, EZ. 1348, KG P.

Mit Bescheid des Magistrats der Stadt Wien, Magistratsabteilung 37, vom 14. Februar 2012 wurde die Baubewilligung gemäß § 8 Abs. 9 (von der Berufungsbehörde zutreffend richtiggestellt: Abs. 6) Wiener Kleingartengesetz 1996 (KGG) untersagt. Begründend wurde im Wesentlichen ausgeführt, für die gegenständliche Liegenschaft sei die Widmung "Grünland-Erholungsgebiet-Kleingartengebiet für ganzjähriges Wohnen" festgesetzt. Das Gebäude weise laut Einreichplan eine Breite von 5,94 m und eine Länge von

(27. August 2014)

Klarstellung.

Wir legen dem Verwaltungsgerichtshof in einem Brief an Richterin Mag. Petra Sußner nochmals die Fakten vor. Die Falschaussage der Bauoberbehörde war für uns klar Amtsmissbrauch.

VWGH 2013/05/0043

Sehr geehrte Frau Magister Sußner,

da wir annehmen dass Sie noch etliche Male mit VWGH-Beschwerden betreffend „Ladenburghöhe" befasst sein werden, gestatten wir uns, die Sachlage betreffend Höhenlage und Geländeveränderung im Wr. Kleingartengesetz 1996 (WKG) zu erläutern.

Wir haben zwei Kleingartenwohnhäuser errichtet, die von den Maßen her völlig korrekt sind (je 50 m2 verbaute Erdgeschoßfläche, je 50 m2 Fläche im Obergeschoß und 76 m2 im Kellergeschoß), auch die maximal vorgegebene Höhe wurde eingehalten, ebenso wie die höchstmögliche Kubatur.

Inkriminiert wird lediglich, dass die 1998/99 erfolgte Geländeveränderung gesetzwidrig sei.

Wir bemühen uns Schritt für Schritt eine Genehmigung zu erlangen.

Die Gemeinde Wien unternimmt leider bis zur Lüge alles, um dies zu verhindern.

Auch dieses Verfahren ist ein Beispiel, wie am Ende ein objektiv falsches Ergebnis herauskommt.

Wir gehen dabei davon aus, dass § 15 Abs. 1 letzter Satz gilt. Sie können sich aber gerne davon im Internet oder besser direkt im Archiv der Stadt Wien überzeugen, dass dieser Satz nicht Gegenstand der Beschlussfassung des WKG am 09.08.1996 war. Da sowohl die Höhenlage als auch die Geländeveränderung insbesonders im Hang im Gesetz sehr unklar geregelt sind, hat es auch für uns einiger Auskünfte nach dem Auskunftspflichtgesetz bei Herrn Senatsrat DI Hannes Kirschner bedurft, damit wir die Absichten des Gesetzgebers verstanden haben.

1180 Wien, Gersthoferstraße 30/17
FN 213587 z, UID-Nr.: ATU53848902
Tel. 402 29 02, Fax 479 67 68

DAS GEBOGENE RECHT

GH Immobilienmakler GmbH

Die Höhenlage ist eingehalten, insofern Abgrabungen und Anschüttung möglichst gleich sind.

Errichtet man jetzt ein Kellergeschoß unter dem Erdgeschoß, wird mehr Gelände verändert als ohne Kellergeschoß. Die Errichtung eines Kellergeschosses ist aber unstrittig erlaubt.

Wir verweisen dazu auf § 362 ABGB aus dem sich der Grundsatz der Baufreiheit, sowie das Recht des Eigentümers seine Sache nach Willkür zu benutzen ableitet. Gesetzliche Beschränkungen sind im Zweifel zu Gunsten der Baufreiheit auszulegen. Unbedingt notwendiges Ausmaß bedeutet nicht, dass nur zulässig ist, was nicht durch andere Planung vermieden werden kann, sondern ein an der Funktion orientiertes Ausmaß.

Für die Einhaltung der Höhenlage sind daher Geländeveränderungen unter dem Haus unerheblich, im Hang sogar zwingend notwendig.

Die Höhenlage muss auch eingehalten werden, wenn rund ums Haus gar keine Geländeveränderung vorgenommen wird.

Seite 9 zweiter und dritter Absatz wurde verstanden.

Zu Seite 9 vierter Absatz:

Den ersten Satz nehmen wir zur Kenntnis obwohl der Inhalt für uns aus dem WKIG 1996 nicht ableitbar ist. Wir sind nach wie vor der Meinung, dass eine Geländeveränderung auch ohne Hausbau 1998 laut WKIG 1996 erlaubt ist.

Zweiter Satz ff. **Hier liegt ein Kardinalfehler vor.** Sie können aus dem Einreichplan deutlich erkennen, dass 1) die Höhenlage des Hauses eingehalten wurde, und 2) das eingereichte Gebäude auch gemessen am Gelände vor 1999 zulässig ist. Die gegenteilige Behauptung ist grob aktenwidrig. Wir legen Ihnen dazu nochmals den Einreichplan vor. Aus diesem können Sie auf der linken Seite das Haus bezogen auf das Gelände vor 1999 ersehen, und auf der rechten Seite das Haus bezogen auf das geänderte Gelände. Beide Darstellungen beweisen dass sämtliche erforderlichen Größenmerkmale (bebaute Fläche, Höhe und Kubatur) eingehalten sind. **Die Behauptung der BOB, dass das Gebäude erst durch die beantragte Geländeveränderung zulässig wird, ist objektiv falsch und stellt für uns Amtsmissbrauch dar.**

Wenn Sie selbst nicht Plan lesen können (ist keine Schande), erkundigen Sie sich bitte das nächste Mal bei einer fachkundigen Person ihres Vertrauens.

1180 Wien, Gersthoferstraße 30/17
FN 213587 z, UID-Nr.: ATU53848902
Tel. 402 29 02, Fax 479 67 68

DAS GEBOGENE RECHT

GH Immobilienmakler GmbH

Es ist unglaublich welche Unwahrheiten und Lügen von Seiten der Gemeinde Wien (BOB) behauptet werden.

Das habe ich bei der falschen Bestätigung betreffend Gesetzesbeschluss als auch hier betreffend angeblicher Unzulässigkeit des Hauses in Bezug auf das Gelände vor 1999 erleben müssen.

Fragen Sie bei Herrn Senatsrat DI Kirschner nach (der sicher nur dann unsere Meinung bestätigt, wenn sie absolut richtig ist). Auch er wird Ihnen bestätigen (müssen) dass das Haus sowohl gemessen am alten Gelände als auch gemessen am neuen Gelände zulässig ist.

Darüber hinaus liegt exakt für diesen identen Fall von der MA 37 bereits eine (völlig richtige) Baugenehmigung vor.

Zu Seite 10 erster Absatz:

Kardinalfehler zwei: Anschüttungen rund ums Haus sind für die Einhaltung der Höhenlage völlig unerheblich. Anschüttungen rund ums Haus sind (nur) nach § 16 (2) erster Satz zu beurteilen. Die Behauptung, dass die Geländeveränderung erst die Zulässigkeit des Baues herbeiführe, ist objektiv falsch! Das Haus ist auch ohne Geländeveränderung zulässig.

Zu dem von Ihnen inkriminierten Anschüttungen von ca. 1,28 Meter und Abgrabungen von ca. 1,20 m teilen wir Ihnen mit, dass allein auf der bebauten Fläche ein Höhenunterschied von 3 m (!!!) bezogen auf das Gelände vor 1999 existiert.

Die Nordwestecke liegt auf ca. 203,60 m und die Südostecke auf ca. 200,60 m. Das bedeutet auf der bebauten Fläche (unter der Annahme dass das Erdgeschoß waagrecht gebaut wird), dass ein Höhenunterschied von ca. 3 m ausgeglichen werden muss. Wenn die Höhenlage möglichst angepasst sein soll, dann wohl indem die Abgrabungen und Anschüttungen sich ca. die Waage halten. Ansonst säße das Haus entweder zu hoch oder zu tief.

Das gesamte Grundstück weist einen Höhenunterschied von 8,5 m auf und hat sonst eine Neigung von 27 %!!!

Zur Beurteilung der Geländeveränderung bei den Anschüttungen rund ums Haus:

Was ist „unbedingt erforderlich"?

Die VWGH-Entscheidung vom 16.09.1980, 137/80 besagt, dass die Baufreiheit durch „unbedingt notwendig" nicht derart eingeschränkt werden darf, dass dem Bauwerber ein unzumutbares Vorhaben auferlegt wird.

1180 Wien, Gersthoferstraße 30/17
FN 213587 z, UID-Nr.: ATU53848902
Tel. 402 29 02, Fax 479 67 68

DAS GEBOGENE RECHT

GH Immobilienmakler GmbH

„Unbedingt notwendig" bedeutet nicht, dass nur zulässig ist, was nicht durch andere Planung vermieden werden kann, sondern ein aus der Funktion orientiertes Ausmaß.

Die VWGH-Entscheidung vom 16.09.1980, 137/80 besagt, dass die Baufreiheit durch „unbedingt notwendig" nicht derart eingeschränkt werden darf, dass dem Bauwerber ein unzumutbares Vorhaben auferlegt wird.

Seite 10, 1. Absatz:

„ ... Die Beschwerde.... legt im übrigen nicht dar, dass eine widmungskonforme Nutzung der Liegenschaft ohne die Geländeveränderung nicht möglich wäre.....

Diese Behauptung ist grob aktwidrig. Wenn Sie den Akt gelesen haben, können Sie die Darstellung des barrierefreien Baues ersehen und dafür ist lt. § 115 (2) 1. WBO eine Geländeveränderung zwingend erforderlich.

Zusammenfassung:

Ihre Zentralbehauptungen „Höhenlage sei nicht eingehalten" sowie „die Geländeveränderung dient nur dazu, ein nicht genehmigungsfähiges Haus genehmigungsfähig zu machen" sind objektiv so falsch, wie wenn wir behaupten würden, Sie hätten 3 Köpfe und 5 Beine !!!

Vom juristischen und den vorliegenden Fakten her, erschütternd.

All die o.a. Entscheidungen würden auch auf „möglichst" zutreffen, wobei nochmals darauf hingewiesen wird, dass „möglichst" ein weitaus weiter gefasster Begriff ist, als „unbedingt erforderlich". Im Rahmen des oben angeführten Grundumsatzes der Baufreiheit, kann und darf auch nicht verhindert werden, dass barrierefrei gebaut wird. Barrierefrei laut der Wr. Bauordnung heißt, es müssen insbesondere mindestens ein Eingang stufenlos erreichbar sein, damit ist auch ein Ausgang auf der Terrasse lt. § 115 (2) 1. Wr. Bauordnung legitim.

Darüber hinaus gibt es in der Wr. Bauordnung den neuen § 109 der ausführt, dass Bauwerke so geplant sein müssen, dass bei ihrer Nutzung Unfälle vermieden werden, dabei ist entsprechend dem Verwendungszweck besonders auch auf Kinder, ältere Personen und Personen mit Behinderung Rücksicht zu nehmen. Der OGH legt in seiner Entscheidung vom 21.04.1998 11 Os 35, 36/98 eine von den jeweiligen Bauvorschriften abstrahierte Sorgfaltspflicht fest. Es genügt daher nicht die Annahme, den Bauvorschriften sei ohnehin genüge getan.

1180 Wien, Gersthoferstraße 30/17
FN 213587 z, UID-Nr.: ATU53848902
Tel. 402 29 02, Fax 479 67 68

DAS GEBOGENE RECHT

Klage gegen die Stadt Wien.

Am 6. November 2014 brachten wir die nächste Klage beim Landesgericht für Zivilrechtssachen gegen die Stadt Wien ein und forderten in einem 23-seitigen Schriftsatz Schadenersatz, da uns auf Basis eines nicht richtig beschlossenen Gesetzes zahlreiche Verfahrenskosten entstanden. Die Stadt Wien antwortete wie erwartet. Dabei wäre unser Klagebegehren ganz einfach zu entkräften gewesen: Die Stadt Wien hätte nur den Gesetzgebungsakt dem Gericht vorlegen und den Beweis antreten müssen, dass § 15 (1) letzter Satz des Wiener Kleingartengesetzes tatsächlich beschlossen wurde. Das tat die Stadt Wien aber nicht. Weil dadurch mit einem Mal klar gewesen wäre, dass wir im Recht sind. Wir antworteten adäquat mit einem Vorbereitenden Schriftsatz.

DAS GEBOGENE RECHT

(16) Die klagende Partei beantragt daher das

U R T E I L:

Die geklagte Partei Stadt Wien hat es zu unterlassen, durch den Vollzug der Vollstreckungsverfügungen vom 8. Juni 2011 (M25/02278/2005, Beilage ./E und M25/02284/2005, Beilage ./F) die auf den Grundstücken Nr. 603/32 der EZ 1348 Grundbuch 01510 Pötzleinsdorf („Objekt West") und Nr. 603/44 der EZ 1354 Grundbuch 01510 Pötzleinsdorf („Objekt Ost") errichteten Baulichkeiten zu entfernen.

Die geklagte Partei ist ferner schuldig, der klagenden Partei die Prozesskosten zu ersetzen.

(17) Eventualiter beantragt die klagende Partei das

U R T E I L:

Die geklagte Partei Stadt Wien ist verpflichtet, der klagenden Partei allen Schaden zu ersetzen, der ihr durch den Vollzug der Vollstreckungsverfügungen vom 8. Juni 2011 (M25/02278/2005, Beilage ./E und M25/02284/2005, Beilage ./F), nämlich durch die Entfernung der auf den Grundstücken Nr. 603/32 der EZ 1348 Grundbuch 01510 Pötzleinsdorf („Objekt West") und Nr. 603/44 der EZ 1354 Grundbuch 01510 Pötzleinsdorf („Objekt Ost") errichteten Baulichkeiten entsteht.

Die geklagte Partei ist ferner schuldig, der klagenden Partei die Prozesskosten zu ersetzen.

Die klagende Partei regt an, schon zur vorbereitenden Tagsatzung den Gesetzgebungsakt des Wiener Landtages beizuschaffen, um die Sach- und Rechtslage eben schon bei der vorbereitenden Tagsatzung sinnvoll erörtern zu können.

Die Beilagen werden wegen ihres Umfanges überreicht.

Wien, am 6. November 2014

Ein neues Jahr: 2015.

Anfang 2015 liefen noch vier Verfahren parallel.

Klage gegen Zweite Landtagspräsidentin.

Um den Beweis anzutreten, dass das Wiener Kleingartengesetz nicht korrekt beschlossen wurde und daher nichtig sei, haben wir eine Zivilklage gegen die Zweite Landtagspräsidentin, Erika Stubenvoll, eingebracht, die dafür verantwortlich sein dürfte. Die Klage wurde wegen Unzulässigkeit des Rechtsweges zuerst zurückgewiesen, in der nächsten Instanz allerdings zugelassen. Das Ergebnis ist offen.

DAS GEBOGENE RECHT

Doch noch Abriss?

Die MA 25 wollte schließlich einen Ortsaugenschein anberaumen, um die Kosten eines Abrisses festzustellen. Wir konterten entsprechend – der Termin wurde auf den 10. Februar 2015 verschoben.

EINGELANGT
- 1. Dez. 2014
SCHUPPICH SPORN & WINISCHHOFER
Rechtsanwälte

Magistrat der Stadt Wien
Magistratsabteilung 25
Stadterneuerung und
Prüfstelle für Wohnhäuser
Maria-Restituta-Platz 1
A-1200 Wien
Tel.: +43/1/4000-DW
Fax: +43/1/4000-99-8025
tem@ma25.wien.gv.at
www.um-haeuser-besser.at
DVR: 0000191 – V109, V585

M25 5440-2011-36

1180 Wien, Ladenburghöhe sine
Gst. Nr. 603/44 in
EZ 1348   KG Pötzleinsdorf

Wien, 27.11.2014
Tes.

M25 5441-2011-36

1180 Wien, Ladenburghöhe sine
Gst. Nr. 603/32 in
EZ 1348   KG Pötzleinsdorf

Ersatzvornahme

Sehr geehrte Frau!
Sehr geehrter Herr!

Wie mit Ihrem Prokuristen, Herrn Friedrich Lind, am 20. November 2014 vereinbart, werden Sie als verpflichtete Eigentümerin der betroffenen Baulichkeit aufgefordert für den

ORTSAUGENSCHEIN

am Montag, 15. Dezember 2014, um 8:00 Uhr
in 1180 Wien, Ladenburghöhe sine

der Behörde den ungehinderten Zugang zum gegenständlichen Objekt zu ermöglichen.

DAS GEBOGENE RECHT

Gegenstand:
Erhebungen im Zuge der Ersatzvornahmen hinsichtlich der vorgeschriebenen Arbeiten zu gegenständlichen Vollstreckungsverfügungen vom 8. Juni 2011, Zl.: M25/02284/2005; sowie vom 8. Juni 2011, Zl.: M25/02278/2005; beide im Beschwerdeverfahren vor dem Verwaltungsgericht Wien bestätigt.

Mit freundlichen Grüßen
Für den Abteilungsleiter:

Tel.: (+43 1) 4000-25241
tem@ma25.wien.gv.at

Ing. Eckl
Gruppenleiter

Dieses Dokument wurde amtssigniert.
Information zur Prüfung der elektronischen Signatur und des Ausdrucks finden Sie unter: https://www.wien.gv.at/amtssignatur

Ergeht an:

1. GH Immobilienmakler GmbH, als verpflichtete Eigentümerin der Baulichkeit
   zH. Schuppich Sporn & Windischhofer Rechtsanwälte
   1010 Wien, Falkestraße 6

2. GH Immobilienmakler GmbH,
   1180 Wien, Gersthoferstraße 30
   als verpflichtete Eigentümerin der Baulichkeit

3. Zum Akt

Ergeht nachrichtlich an:

1. Bundesministerium für Europa, Integration und Äußeres
   1010 Wien, Minoritenplatz 8

Erreichbarkeit: Station Handelskai
U6, S1, S2, S3, S7, S45, 5A, 11A, 11B
Parteienverkehr nach Terminvereinbarung

DAS GEBOGENE RECHT

Ein Problem der Republik.

Am 11. Jänner 2015 stellten wir schließlich einen Antrag an die MA 25, das Vollstreckungsverfahren auszusetzen. Denn unsere Liegenschaften beherbergen mittlerweile das Konsulat des Staates Kamerun und die konsularischen Archive. Solcherart genießen sie kraft dem Wiener Übereinkommen über konsularische Beziehungen völkerrechtliche Exterritorialität (Wiener Übereinkommen, Artikel 59 und 61). Dies macht eine Vollstreckung unzulässig. Auch der Ortsaugenschein wäre damit unzulässig, denn die absolute Unantastbarkeit der Archive sei zu respektieren.

An den
Magistrat der Stadt Wien

zu Handen von Hrn. Sen.-Rat
DI Bernhard Jarolim
Leiter der MA 25
Rivergate-Bürocenter
Maria-Restituta-Platz 1
1200 Wien

mit Kopie an:
- Mag.a Ulla Weinke, MA 25 - Kompetenzstelle Recht
- Magistratsdirektor Dr. Erich Hechtner, Magistratsdirektion
- Bereichsdirektor Mag. Karl Pauer, Magistratsdirektion
- Generalsekretär Dr. Michael Linhart, Bundesministerium für Europa, Integration und Äußeres, Minoritenplatz 8, 1010 Wien

Antragstellerin: GH Immobilienmakler GmbH

vertreten durch:
RECHTSANWALTSKANZLEI
DR. ADRIAN HOLLAENDER
ASLANGASSE 8 / 2 / 4, A-1190 WIEN
REPUBLIK ÖSTERREICH

unter Berufung auf die erteilte Vollmacht

ANTRAG

DAS GEBOGENE RECHT

Seite 2

Hiermit wird die

Einstellung,

in eventu Unterbrechung bzw. Aussetzung,

des zu den Zahlen M25 5440-2011-41 und M25 5441-2011-41 anhängigen **Vollstreckungsverfahrens der MA 25** beantragt.

B e g r ü n d u n g :

Die Antragstellerin ist Eigentümerin der in beiliegender Ortsaugenscheinverständigung bezeichneten Liegenschaften. Diese sind aufgrund längerfristiger Mietverträge dem Konsulat des Staates Kamerun vermietet und dienen als konsularische Archive. Solcherart genießen sie - kraft dem Wiener Übereinkommen über konsularische Beziehung, BGBl. Nr. 318/ 1969 idgF, Kapitel III, Punkt 59, 60 und 61 - **völkerrechtliche Exterritorialität.** Diese macht eine **Vollstreckung unzulässig** (siehe *Walter/ Mayer*, Verwaltungsverfahren, im Anhang).

Folglich dürfen die beiden zu den genannten Zahlen anhängigen **Vollstreckungsverfahren** nicht weitergeführt werden und sind daher **einzustellen** oder aber, eventualiter, zu unterbrechen bzw. auszusetzen.

Der mit beiliegender Ortsaugenscheinverständigung anberaumte **Ortsaugenschein** ist **Teil eines Vollstreckungsverfahrens** und solcherart gleichfalls **unzulässig** und daher wieder abzuberaumen.

Ein Unzulässigkeitsgrund ist in jedem Stadium des Vollstreckungsverfahrens von der Behörde **amtswegig** wahrzunehmen.

Aufgrund der verwaltungsrechtlichen Offizialmaxime genügt es, den Unzulässigkeitsgrund der Behörde bekanntzumachen. Für den Fall, dass es bezüglich dieses vom Amts wegen wahrzunehmenden Unzulässigkeitsgrundes trotzdem eines Beweises bedürfte, wird hiermit zum Nachweis des Vorstehenden die Einvernahme des Geschäftsführers der GH Immobilienmakler GmbH, per Adresse der Antragstellerin, und des Generalsekretärs für auswärtige Angelegenheiten im Bundesministerium für Europa, Integration und Äußeres Dr. Michael Linhart, Minoritenplatz 8, 1010 Wien, beantragt.

DAS GEBOGENE RECHT

Ergänzend wird ausgeführt, dass die Antragstellerin gegenüber dem Staat Kamerun zur Wahrung der konsularischen Archive vertraglich verpflichtet ist, sodass ein Bruch ihrer Verpflichtungen sie schadenersatzpflichtig machen würde (und solcherart zur Geltendmachung eines Amtshaftungsanspruches gegenüber dem Rechtsträger der Organe, die einen derartigen Verpflichtungsbruch herbeiführen, berechtigen würde).

Ebenso wurde eine Mietzinsvorauszahlung empfangen, welche gleichfalls bei Nichteinhaltung des Mietvertrages durch die Antragstellerin zu hohem Schaden infolge von Rückforderungsansprüchen führen würde.

Davon abgesehen sind kraft des eingangs zitierten Wiener Übereinkommens über konsularische Beziehung sämtliche öffentlichen Organe der Republik Österreich - und somit auch sämtliche Organe der Stadt Wien und des Landes Wien - völkerrechtlich dazu verpflichtet, das Wiener Übereinkommen einzuhalten und die **absolute Unantastbarkeit konsularischer Archive** zu respektieren.

Somit besteht 1.) ein **verwaltungsrechtlicher Grund** für die Einstellung des Vollstreckungsverfahrens infolge von Unzulässigkeit (vgl. dazu abermals *Walter/Mayer*, wie im Anhang ersichtlich), sowie 2.) ein **völkerrechtlicher Grund** für die Notwendigkeit der Abstandnahme von jeglicher Vollstreckung und somit auch von einem einen Teil eines Vollstreckungsverfahrens verkörpernden Ortsaugenschein.

Daher wird, wie eingangs dargelegt, beantragt, das zu den genannten Zahlen anhängige Vollstreckungsverfahren der MA 25 umgehend einzustellen und den anberaumten Ortsaugenschein wieder abzuberaumen.

Außerdem sind seit dem 5.12.2014 zwei **Neueinreichungen** bei der MA 37 anhängig, die sich auf die vollstreckungsgegenständlichen Bauobjekte beziehen. Dies macht eine Vollstreckung ebenfalls unzulässig, denn der Verwaltungsgerichtshof hat in seiner Entscheidung vom 28.06.2005, Zl 2005/05/0075, und in seiner Entscheidung vom 15.06.2004, Zl 2003/05/0224, judiziert, dass eine Vollstreckung während der Anhängigkeit eines entsprechenden Ansuchens um nachträgliche Bewilligung nicht zulässig ist (siehe dazu auch *Walter/Mayer* im Anhang). Den Neueinreichungen steht auch keine res judicata entgegen, da es bislang keine Verwaltungsgerichtshofentscheidungen zur Einhaltung der Höhenlage bzw. zu den vorgenommenen Geländeveränderungen auf Grund des vorhandenen Felsuntergrundes gibt.

Seite 4

Zusätzlich zu diesen Einreichungen sind außerdem auch - gleichermaßen auf die Erlangung des baurechtlichen Konsenses gerichtete - Verfahren zur amtswegigen **Bescheidaufhebung** hinsichtlich der Bescheide zu den Zahlen MA 37/18-ladenburghöhe 603/32/17613-1/2006 und MA 37/18-ladenburghöhe 603/44/17607-1/2006, BOB 546 und 547/06, anhängig. Diese amtswegigen Bescheidaufhebungsverfahren wurden behördenseits unter den Geschäftszahlen MDR - 1809-2012-49 und 50 sowie unter der Geschäftszahl GWS-415547/2014/For/eli registriert und sind derzeit Gegenstand eines diesbezüglichen Säumnisbeschwerdeverfahrens beim Verwaltungsgericht Wien. Da sie auf Herstellung des baurechtlichen Konsenses (eben durch amtswegige Aufhebung der Versagungsbescheide zu den Zahlen MA 37/18-ladenburghöhe 603/32/17613-1/2006 und MA 37/18-ladenburghöhe 603/44/17607-1/2006, BOB 546 und 547/06) gerichtet sind, führen sie in analoger Anwendung der vorstehend zitierten Judikatur des Verwaltungsgerichtshofes (VwGH 28.06.2005, Zl 2005/05/0075, und VwGH 15.06.2004, Zl 2003/05/0224) zur Unterbrechung eines jeden Vollstreckungsverfahrens während ihrer Anhängigkeit.

Folglich ist

- das anhängige **Vollstreckungsverfahren einzustellen,**

- in eventu **zu unterbrechen** bzw. **auszusetzen,**

- und jedenfalls der anberaumte **Ortsaugenschein** wieder **abzuberaumen.**

Die Antragstellerin   Wien, am 11.1.2015

Absage – ein wichtiger Etappensieg.

Diese Zeile muss der Stadt Wien sehr schwer gefallen sein. Am 28. Jänner 2015 teilte uns die MA 25 in einem einzeiligen Brief mit: „Der mit 10. Februar 2015 anberaumte Ortsaugenschein wird abgesagt." Geschafft! Wir haben einen weiteren Etappensieg errungen.

DAS GEBOGENE RECHT

Magistrat der Stadt Wien
Magistratsabteilung 25
Stadterneuerung und
Prüfstelle für Wohnhäuser
Maria-Restituta-Platz 1
A-1200 Wien
Tel.: +43/1/4000-DW
Fax: +43/1/4000-99-8025
tem@ma25.wien.gv.at
www.umwelt-besser.at
DVR: 0000191 – V109, V585

M25 5440-2011-50

1180 Wien, Ladenburghöhe 23
Gst. Nr. 603/44 in
EZ 1354 KG Pötzleinsdorf

Wien, 28.1.2015
Tes.

M25 5441-2011-50

1180 Wien, Ladenburghöhe 25
Gst. Nr. 603/32 in
EZ 1348 KG Pötzleinsdorf

Ersatzvornahme
Terminabsage

Sehr geehrte Frau!
Sehr geehrter Herr!

Der mit 10. Februar 2015 anberaumte Ortsaugenschein wird abgesagt.

Mit freundlichen Grüßen
Für den Abteilungsleiter:

Tel.: (+43 1) 4000-25241
tem@ma25.wien.gv.at

Ing. Eckl
Gruppenleiter

Erreichbarkeit: Station Handelskai
U6, S1, S2, S3, S7, S45, 5A, 11A, 11B
Parteienverkehr nach Terminvereinbarung

TEM-059-20131023 – S 1/2

Ein neues Bauansuchen.

Wir übermittelten bereits Anfang Dezember 2014 ein neues Bauansuchen an die MA 37 samt Gutachten des gerichtlich beeideten Sachverständigen Univ.-Prof. DI Dr. Dietmar Adam mit Ersuchen um Prüfung. Darin sind wir diesmal hypothetisch von der Gültigkeit des § 15, Abs. (1), letzter Satz – den wir ja seit Jahren bekämpfen, weil er nicht ordnungsgemäß beschlossen wurde – ausgegangen. Selbst wenn § 15, Abs. (1) gelten würde, wäre unser Bauansuchen zu genehmigen gewesen, da die Höhenlage auch nach dieser Vorgabe „möglichst" eingehalten wurde. Mit Bescheid vom 19. Jänner 2015 wurde die nachträgliche Bewilligung auch hier untersagt. Am 4. März 2015 brachten wir eine Beschwerde bei der MA 37 ein. Auch zwei neue gutachterliche Stellungnahmen wurden von uns in Auftrag gegeben, eine wurde von dem gerichtlich zertifizierten Sachverständigen DI Walter Ester erstellt, die andere von Prof. Dipl.-Ing. Ernst Krejci. Wir haben beide Gutachten der Berufungsbehörde vorgelegt. Darin wurde bewiesen, dass selbst bei Gültigkeit des § 15, Abs. (1) Wiener Kleingartengesetz, die Höhenlage möglichst eingehalten wurde, so wie es das Gesetz in diesem (allerdings niemals ordnungsgemäß beschlossenen) Punkt verlangt. Das Verfahren läuft noch.

WAS BEDEUTET DAS KONKRET?

Zum besseren Verständnis:
Eine kurze Übersicht der Fakten

Fassen wir noch einmal die Fakten zusammen:

Unsere Häuser sind weder zu groß, noch zu hoch gebaut worden, sie haben auch nicht zu viel Kubatur.

Das Wiener Kleingartengesetz ist zumindest in jenem Punkt nichtig, der besagt, dass Gebäude der Höhenlage möglichst anzupassen sind. Damit sind sämtliche Abrissbescheide gegen unser Haus rechtsunwirksam. Darüber hinaus bestätigten drei renommierte Sachverständige und Gutachter, dass die Höhenlage in unserem Fall eingehalten wurde. Das heißt: Nicht nur das Argument, warum unser Haus abgerissen werden soll, ist gesetzeswidrig – auch die Behauptung, wir hätten unser Haus nicht der Höhenlage angepasst, ist schlichtweg falsch. Was hier passiert, ist behördliche und politische Willkür. Denn:

1. Größe, Höhe und Kubatur unseres Hauses entsprechen allen gesetzlichen Vorschriften.

Die Behörde hat mittlerweile festgestellt, dass die Größe, Höhe und Kubatur des Hauses exakt eingehalten wurden. Es geht also nicht darum, ob wir vielleicht zu groß gebaut hätten. Was beanstandet wird, ist eine Geländeveränderung, die eineinhalb Jahre vor Baubeginn durchgeführt wurde, die angeblich nicht erlaubt gewesen und wodurch die Höhenlage des Grundstücks nicht eingehalten worden sein soll.

2. Gleichzeitig bestätigte die Behörde, dass eine Geländeveränderung weder anzeige- noch bewilligungspflichtig ist.

Sogar in den erläuternden Bemerkungen zum Gesetz ist die Erlaubnis dazu angeführt.

3. Trotzdem begründete die Behörde den Abrissbescheid für unser Haus damit, dass die „Höhenlage nicht eingehalten" und eine Geländeveränderung durchgeführt wurde.

Fakt ist jedoch: In einem Rechtsgutachten kam der renommierte Wissenschaftler Univ.-Prof. Dr. Andreas Hauer vom

Institut für Verwaltungsrecht und Verwaltungslehre der Johannes Kepler Universität Linz zum eindeutigen Schluss, dass die von uns durchgeführten Geländeveränderungen „aus bau- und kleingartenrechtlicher Sicht nicht zu beanstanden sind". Dieses Gutachten ist bis heute von sämtlichen Instanzen ignoriert worden, es wurde aber auch in keiner Weise widerlegt.

4. Renommierte Gutachter sagten ganz klar: Die Höhenlage wurde eingehalten.

Wir haben der Behörde Gutachten von mehreren renommierten Sachverständigen vorgelegt, die allesamt zum selben Schluss kamen und eindeutig bestätigen konnten: Die Höhenlage wurde bei unseren Häusern eingehalten! Unabhängig davon, dass die Geländeveränderungen schon vor Baubeginn stattfanden und damals noch keine gesetzliche Beschränkung vorlag, sind sie nur in einem „unbedingt erforderlichen Ausmaß vorgenommen" worden, denn die Häuser befinden sich in Hanglage. Die Gutachter waren u.a.:

- **Baurat h.c. Dipl.-Ing. Manfred Eckharter**
  Allgemein beeideter und gerichtlich zertifizierter Sachverständiger für das Vermessungswesen

- **Architekt Dipl.-Ing. Rudolf Rollwagen**
  Staatlich befugter und beeideter Ziviltechniker, allgemein beeideter und gerichtlich zertifizierter Sachverständiger, ehemaliges Mitglied der Bauoberbehörde

- **Architekt Dipl.-Ing. Michael Löwy**
  Staatlich befugter und beeideter Ziviltechniker

In der Wiener Bauordnung wird man großteils gezwungen, behindertengerecht zu bauen (was gut und wichtig ist). In diesem Fall wird es behördlich verboten. Unabhängig davon wurden die Häuser zu einem Zeitpunkt errichtet, zu dem die Einschränkung „im unbedingt erforderlichen Ausmaß" noch gar nicht gegolten hat.

5. Die Behörde negierte alle Gutachten.

Die Behörde hält nach wie vor die Behauptung aufrecht, dass die Höhenlage nicht eingehalten worden sei. Eine Begründung oder ein Beweis dazu fehlt. Ein formelles Auskunftsbegehren unserer Anwälte, in der um Bekanntgabe der von der Behörde als „richtig" angesehenen Höhenlage für diesen Fall ersucht wurde, wurde ohne Bekanntgabe der behördengenehmen Höhenlage beantwortet.

6. Pfahlbau auf dem Schafberg?

Die Behörde inkriminiert in unserem Fall, dass bei einem Bau im Hang im „Bereich der bebauten Fläche" das Gelände verändert wurde. Um den Behördenvorstellungen gerecht zu werden besteht aber dann nur mehr die Möglichkeit, einen Pfahlbau zu errichten, der wiederum wahrscheinlich das „Ortsbild stört". Damit wäre auch jeder Keller unmöglich.

7. Die Behörde verwechselte laufend „Geländeveränderung" mit „Höhenlage".

Es gibt hinsichtlich Geländeveränderung und Höhenlage vier Möglichkeiten:

- Geländeveränderungen **mit** Veränderung der Höhenlage des Hauses
- Geländeveränderungen **ohne** Veränderung der Höhenlage des Hauses
- Keine Geländeveränderung, aber Veränderung der Höhenlage des Hauses
- Keine Geländeveränderung und keine Veränderung der Höhenlage des Hauses

Zu prüfen sei die möglichste Anpassung des Hauses an die Höhenlage – nur: wie ist diese konkret definiert? – und dass die Geländeveränderung nur im unbedingt erforderlichen Ausmaß stattfindet – nur: was ist „unbedingt erforderlich"?

8. Es fehlt an der klaren Definition, was „möglichst" konkret bedeutet und was „unbedingt erforderlich" ist. Anders gesagt: Die Entscheidung kann nahezu willkürlich festgelegt werden.

Die nicht näher bestimmten Begriffe „möglichste Anpassung der Höhenlage" und Erlaubnis der Geländeveränderungen nur im „unbedingt erforderlichen Ausmaß" sind offensichtlich mangels genauerer Definition nur dazu da, dass Behörden je nach Belieben alles erlauben oder auch alles verbieten können. Umgangssprachlich, aber auch verfassungsrechtlich nennt man so etwas Willkür.

9. Was dürfen Kleingartenbesitzer? So skurril ist das Gesetz.

Eine Unterkellerung eines Hauses bedeutet unzweifelhaft eine Geländeveränderung (Aushub). Unbedingt notwendig ist aber ein Keller und damit die Geländeveränderung nicht, damit wäre die Unterkellerung aber zwingend gesetzlich verboten.

Wie skurril ist das Wiener Kleingartengesetz eigentlich?

DIE CAUSA GEBLERGASSE

Wie die Stadt zum eigenen Vorteil Ausschreibungen umgeht

Wir sind kein Einzelfall. Diese Vorgehensweise hat in der Stadt Wien System. Das zeigt auch der Fall Geblergasse.

Die Stadt Wien hat vor einigen Jahren ein Sonderprogramm zur Förderung von Wohnsammelgaragen beschlossen und veröffentlicht. Dabei werden von der Stadt Wien zinsfreie Darlehen in Höhe von EUR 21.250 pro Parkplatz mit einer Laufzeit von 50 Jahren (!) vergeben. Die Rückzahlung muss nur nach Mietumsätzen erfolgen, so dass auch die Möglichkeit besteht, das Darlehen zu einem erheblichen Teil erst im fünfzigsten Jahr zu tilgen. Was das bedeutet, braucht man wohl nicht näher zu erläutern. Es ist praktisch geschenktes Geld.

Im Förderprogramm heißt es wörtlich: „... die Projekte, die an den neuen Garagenstandorten – bei Erfüllung der oben angeführten Kriterien – realisiert werden sollen, werden im Rahmen von öffentlichen Interessentensuchen an den jeweiligen Bestbieter vergeben ..."

Dies bedeutet, dass das Projekt (im Amtsblatt) öffentlich ausgeschrieben werden muss.

Die STPM Städtische Parkmanagement Gesellschaft m.b.H. (eine hundertprozentige Tochter der Wiener Stadtwerke Holding AG, deren Alleinaktionärin die Stadt Wien ist) wollte dieses Projekt im Eigentum errichten und sich nicht einem lästigen öffentlichen Bieterverfahren stellen.

Eine private Investorengemeinschaft errichtete in der Hernalser Hauptstraße ein Wohnungsprojekt, über das die Zufahrt zur geplanten Garage erfolgen musste. Eine andere Zufahrt zu der unter einem Schulhof geplanten Garage war nicht möglich. In einem solchen Fall kann die öffentliche Ausschreibung unterbleiben, sofern sich die private Investorengemeinschaft (und nur diese) um die Errichtung der Garage bewirbt, da sonst kein anderer die Zufahrtsmöglichkeit hat.

Was tat die STPM? Sie gründete eine Projektgesellschaft (HH59 Garagenerrichtungs- und Betriebsg.m.b.H.), bei der sie zwar selbst Gesellschafter war, aber die private Investorengruppe als Treuhänder im Firmenbuch der Gesellschaft auftreten ließ. Damit ersparte sie sich nach eigener unrichtiger Rechtsmeinung das öffentliche Bieterverfahren.

Eine bekannte Anwaltskanzlei, die auf Ausschreibungen spezialisiert ist und über den Vorgang ob der Rechtmäßigkeit befragt wurde, hat eine schwerste Rechtsverletzung geortet. Ein Gutachten darüber wurde nicht erstellt, weil besagte Kanzlei sehr oft von der Gemeinde Wien in Ausschreibungsfragen konsultiert wird.

Dann suchte die Projektgesellschaft um das zinsfreie Darlehen an. Dieses wurde in der Höhe von 5,355 Millionen Euro in der 62. Gemeinderatssitzung am 30. Juni 2010 genehmigt. Das Projekt wurde in der Folge aufgrund von Bürgerprotesten nicht realisiert. Bis dorthin fielen allerdings bereits Planungskosten in Höhe von mehreren hunderttausend Euro an. Diese Darlehen von der Muttergesellschaft waren zu dem Zeitpunkt verloren, als die Nichtrealisierung der Garage beschlossen wurde. Davor wurden noch alle möglichen Interessenten gefragt, ob sie die Projektgesellschaft erwerben und das Projekt realisieren möchten. Alle haben abgesagt. Das hätte bedeutet, dass die HH59 G.m.b.H. das bis dorthin aktivierte Bauvorhaben abwerten hätte müssen, womit die Gesellschaft überschuldet gewesen wäre. In weiterer Folge hätte auch der Darlehensgeber, die Wiener Stadtwerke Holding AG, ihre Darlehensforderung abwerten müssen. Sie hätte aus diesem Geschäftsfall einen Verlust in besagter Höhe verbuchen müssen. Das wollte die STPM verhindern und hat die

Treuhänder und den Geschäftsführer der HH59 G.m.b.H., die sich weigerten, dies zu unterschreiben, mittels Weisung gezwungen, die Abwertung nicht vorzunehmen, was diese aus treuhandvertraglichen Gründen tun mussten, aber daraufhin die Treuhandschaft zurücklegten.

Dieses weitere Beispiel zeigt, dass die Stadt Wien Rechtsbruch begeht, indem sie in Umgehung der Bedingung der öffentlichen Ausschreibung ein Projekt selbst realisieren möchte. Es zeigt aber auch, wie die Stadt Wien Bilanzen manipuliert und Bilanzdelikte begeht, um wahre Verlustsituationen zu verschleiern.

Ich war in dieser Zeit gefälligkeitshalber treuhändiger Geschäftsführer der HH59 G.m.b.H. und musste in einer Anfragebeantwortung an die „Kronen Zeitung" (Herr Schmitt) bestätigen, dass private Eigentümer Gesellschafter der HH59 G.m.b.H. sind. Der Text wurde von der STPM G.m.b.H. vorgegeben.

Wenn die Stadt Wien in einem solchen ziemlich öffentlichen Fall so vorgeht und sich über Gesetze hinwegsetzt, kann man sich vorstellen, was sonst noch alles hinter den Kulissen passiert. Selbst die Protagonisten – die Stadtpolitiker – halten sich nicht an ihre eigenen Gesetze und Vorschriften. Besonders pikant wird es dann, wenn ein zuständiger Stadtrat in einem ihn persönlich betreffenden Fall ein Gesetz einfach ignoriert, das seine Behörde überwachen sollte.

DAS GEBOGENE RECHT

DER ALTE (BAU)SÜNDER

Wiens Wohnbaustadtrat Ludwig bricht selbst das Gesetz
– und baut im Kleingarten gegen die Vorschriften

Was haben der legendäre Volksschauspieler Paul Hörbiger und Wiens Stadtrat Michael Ludwig gemein? Beide sind alte Sünder – Ersterer nur im gleichnamigen Film, Letzterer auch im realen Leben.

Der politische Skandal.

Ausgerechnet Wiens Wohnbaustadtrat, der uns seit Jahren durch seine Behörden verfolgen lässt, hält sich selbst nicht an die gesetzlichen und behördlichen Vorschriften. Die Ironie dabei: Es geht auch bei ihm um einen Kleingarten.

Stadtrat Ludwig hat im 21. Bezirk in einem Kleingarten (die exakte Adresse ist uns bekannt, Gruppe 2, Parzelle 29) 2003/2004 ein Kleingartenhaus errichtet, in dem er laut polizeilicher Meldung (zu Redaktionsschluss dieses Buches) seinen Hauptwohnsitz hat. Wir wollten wissen, wie genau es denn der zuständige Herr Stadtrat selbst mit dem Gesetz hält, und haben daher einen gerichtlich beeideten Sachverständigen, einen Experten im Vermessungswesen (Geometer), zu seinem Grundstück entsandt, um dieses in Form eines Gutachtens exakt zu vermessen. Uns war wichtig, dass der Geometer die Vermessung von den allgemein zugänglichen Wegen aus vornimmt, ohne das Grundstück selbst zu betreten, was tatsächlich möglich war. Besagter Geometer ist auch bereit, in einem Verfahren als gerichtlich beeideter Sachverständiger die Ergebnisse seines Gutachtens zu bestätigen.

Das Ergebnis war überraschend – und sagt sehr viel über die Art aus, wie Wiener Politiker denken und handeln:

1. Stadtrat Ludwig hat zu gross gebaut.

Die bebaute Fläche seines Kleingartenwohnhauses beträgt 52,75 Quadratmeter, erlaubt sind 50 Quadratmeter. Wenige Jahre nach Errichtung von Stadtrat Ludwigs Haus wurde dieser Fehler gesetzlich sanktioniert, da mittlerweile durch die sogenannte „Techniknovelle" des Wiener Kleingartengesetzes „Schauseitenverkleidungen" technisch möglich sind. Dadurch darf die verbaute Fläche ca. 52 Quadratmeter betragen. Welch ein Zufall – und „Glück" für den Stadtrat.

2. Stadtrat Ludwig hat zu voluminös gebaut.

Die verbaute Kubatur seines Kleingartenwohnhauses beträgt 287,50 Kubikmeter, erlaubt sind heute jedoch nur 265 Kubikmeter (zum Zeitpunkt, als der Stadtrat baute, sogar nur 250 Kubikmeter).

3. Der Stadtrat hat die Fenster in seiner unterkellerten Terrasse frei gegraben.

Leider ist dies laut Erlass MA37-21501/2001 vom 25. Mai 2001 ausdrücklich verboten!

4. Der südseitige Balkon ragt zu weit heraus.

Auch der südseitige Balkon von Stadtrat Ludwig ragt 12 cm zu weit heraus. Es gibt eine Entscheidung des Verwaltungsgerichtshofes, in der bereits eine Abweichung um nur sieben Zentimeter zu einer Untersagung des Baus führte.

5. Terrasse über Grundstücksniveau.

Auch seine Terrasse ragt mehr als die beim Bau erlaubten 15 Zentimeter über das Grundstücksniveau heraus und wäre damit bereits zur Kubatur des Hauses zu zählen.

6. Das Nebengebäude war zu gross, zu hoch und hatte unerlaubterweise ein Fenster.

Dieses wurde aber mittlerweile abgebrochen und durch ein neues, rechtskonform errichtetes Gebäude ersetzt. Was sagt uns das, wenn ausgerechnet Wiens Wohnbaustadtrat Michael Ludwig bei seinem eigenen Kleingartenhaus alleine sechs belegbare Verstöße gegen das Wiener Kleingartengesetz begeht, von denen jeder einzelne bereits zu einem Abbruchbescheid seines Hauses führen könnte?

Die Behörde misst zweifelsohne mit zweierlei Maß.

Wir haben Stadtrat Michael Ludwig diese Informationen am 28. Juli 2014 in Form einer entsprechenden Anfrage mit Auskunftsverlangen zugeschickt. Seine Antwort kam am 12. Dezember 2014 und war, wie nicht anders zu erwarten: „… steht es Ihnen natürlich frei, allfällige Gesetzesverstöße bei der zuständigen Behörde (Anm.: seiner Behörde) anzuzeigen. Ich greife in Entscheidungen der Baupolizei grundsätzlich nicht ein. Vielmehr sind alle Verfahren streng nach den jeweiligen gesetzlichen Bestimmungen zu führen." Wie das in der Praxis abläuft, dafür ist er ja der beste Beweis. In jener Siedlung, in der Stadtrat Ludwig wohnt, muss der Politiker jeden Tag an zahlreichen Gebäuden auf Pachtgründen der Stadt Wien vorbeigehen, die mit freiem Auge erkennbar noch viel größer als seines sind und ganz klar in keiner Weise dem Wiener Kleingartengesetz entsprechen …

EIN RECHTSSTAATLICHER SKANDAL

Wie Doyen Werner Sporn diesen Fall sieht

Werner Sporn gilt seit Jahrzehnten als der Doyen des österreichischen Rechtsanwaltsstandes. Mit seinem unglaublichen Elan und Esprit, seinem messerscharfen juristischen Verstand und seiner unglaublichen Auffassungsgabe bringt er Sachverhalte auf den Punkt, die andere nicht einmal erkennen. Er ist ein extrem versierter Jurist und kennt jeden juristischen Schachzug.

Werner Sporn widmet sich als unser Anwalt nun schon rund sieben Jahre unserem Fall. Jedes Meeting in seinem Dachgeschoß-Büro in der Wiener Falkestraße bringt neue Erkenntnisse und neue Möglichkeiten, gegen die Art und Weise vorzugehen, wie in unserem Fall das Recht „ausgelegt" wird.

DAS GEBOGENE RECHT

IN EINEM ANDEREN ERDTEIL WÜRDE ES MICH NICHT WUNDERN – ABER IN ÖSTERREICH?

„Dieser Fall ist schon sehr speziell – auch in der Vielfalt der Gegner", resümiert Anwalt Sporn die letzten Jahre unseres gemeinsamen Kampfes. „Ich halte das, was hier passiert, rechtsstaatlich für einen unglaublichen Skandal: dass ein Staatsbürger nicht das Recht hat, nachzusehen, ob ein Gesetz überhaupt oder korrekt beschlossen worden ist. Wenn mir jemand so etwas über einen anderen Erdteil erzählt, würde es mich nicht wundern. Aber für Österreich war das für mich unvorstellbar – bis zu dieser Causa. Besonders unvorstellbar ist für mich, dass sogar der Verfassungsgerichtshof diese Meinung deckt und gesagt hat: Dem Staatsbürger steht kein Recht zu, in den Gesetzgebungsakt Einsicht zu nehmen. Sie können im Parlament machen, was sie wollen. Bei diesem Gedanken raste ich wirklich aus."

Der routinierte Anwalt kann seinen Ärger nicht verbergen: „Wir haben vielfältig versucht, bei der Stadt Wien und der Bauoberbehörde Einsicht zu bekommen, doch das ist nicht gelungen. Deshalb strengen wir jetzt auch zwei Schadenersatzprozesse an. Dann sind wir wieder bei ordentlichen Gerichten. Bei beiden Gerichten verweigert auch dort die Stadt Wien die Vorlage der Gesetzgebungsakte. Ich warte jetzt darauf, dass ein ordentlicher Richter die Stadt Wien auffordert, diese Gesetzgebungsakten vorzulegen. Dann kann sich das Gericht selbst davon überzeugen, was hier abläuft."

Was bedeutet dieser Fall für den routinierten Advokaten als Jurist? „Er ist für mich als Jurist – und ich bin ein überzeugter Jurist und bilde mir ein, für Gerechtigkeit etwas über zu haben – einfach unvorstellbar."

Ein unvollständiger Gesetzgebungsakt.

Die zentrale Frage in der Causa war immer wieder, ob das Wiener Kleingartengesetz so beschlossen worden ist, wie es veröffentlicht wurde. Die Fakten sagen klar nein. „Es hat dann die belangte Bauoberbehörde, also unsere Gegenseite, nach Aufforderung durch die Höchstgerichte – Verwaltungs- und Verfassungsgerichtshof – den Gesetzgebungsakt vorlegen müssen. Diesen haben wir jedoch nie zu Gesicht bekommen, weil sie sich wie ‚im stillen Kämmerlein' den Akt angesehen und gleich danach wieder zurückgeschickt haben. Ich war dann gemeinsam mit Friedrich Lind bei den Höchstgerichten, um in den Akt Einsicht zu nehmen, doch da war der Gesetzgebungsakt bereits nicht mehr da. Für mich gibt es dazu nur eine einzige Erklärung: Dass dieser Gesetzgebungsakt nicht vollständig vorgelegt worden ist. Denn wenn man sich – wie wir das ja getan haben – das Archiv der Stadt Wien ansieht, kann man lückenlos die Gesetzeswerdung nachverfolgen. Es ist vollkommen plausibel. Ich glaube auch nach wie vor an die österreichische Justiz einschließlich der Höchstgerichte. Ich kann mir daher nicht vorstellen, wenn ein Höchstgericht einen Akt vollständig vorgelegt bekommt, dass es zu einem anderen Ergebnis kommt als ich im Archiv der Stadt Wien."

Strafanzeige gegen Bürgermeister Häupl und seine Beamten.

Die Vorgänge rund um unsere Causa überraschen den routinierten Juristen trotzdem: „Wir haben ja einmal sogar eine Strafanzeige gegen den Wiener Bürgermeister und zahlreiche Vertreter der Stadt Wien mit dem Vorwurf, dass sie einen unvollständigen Gesetzgebungsakt vorgelegt haben, eingebracht, was ein glatter Amtsmissbrauch wäre. Diese wurde in Rekordzeit eingestellt, der Staatsanwalt hat sich nicht einmal den Akt kommen lassen."

Eine ungeheuerliche Blamage für den Gesetzgeber.

Was Anwalt Sporn bis heute nicht versteht, ist das Motiv: „Ein sachliches Motiv kann es meiner Meinung nach nicht geben, weil, so bedeutend dieser Fall schon geworden sein mag: dass jemand deshalb versucht, das Recht auf solche Weise zu gestalten, kann ich mir nicht vorstellen. Ich glaube vielmehr, dass die Blamage für den Gesetzgeber, den Wiener Landtag und damit die Stadt Wien, so ungeheuer wäre, wenn man jetzt sagen müsste: Vor bald 20 Jahren hat man ein Gesetz beschlossen und nun muss man zugeben, es war nicht ordnungsgemäß."

Alle Betroffenen könnten eine Wiederaufnahme ihrer Bauverfahren beantragen.

Was passiert dann in allen anderen Fällen, in denen man diese Bestimmung angewendet hat? Werner Sporn: „Es könnten alle Betroffenen eine Wiederaufnahme ihrer Bauverfahren beantragen, der Bescheid müsste aufgehoben werden und sie würden wohl nachträglich eine Baubewilligung bekommen. In dieser Bestimmung, um die es geht, geht es ja darum, ob ich die Bewilligung für ein solches Kleingartenhaus bekomme oder nicht. Wenn es angewendet worden ist und ein Bau wurde abgelehnt, muss der Betroffene ja reagiert haben. Wenn Friedrich Lind und Gerlinde Hrabik obsiegen, sind juristische Folgen für andere nicht auszuschließen."

Sind die Entscheidungen in diesem Fall für einen erfahrenen Juristen unglaublich? „Das sind sie. Mein Glauben an die Justiz ist bis heute ungebrochen, ich persönlich glaube nicht, dass man bei Gerichten interveniert hat. Wenn bei Gerichten etwas geschehen wäre, was nicht ordnungsgemäß war, würde ich das eher auf Fahrlässigkeit zurückführen, weil die Gesetzgebungsakte vielleicht nicht genau angesehen wurden. Auch beim Verfassungsgerichtshof gibt es zwar einen Senat, aber in Wirklichkeit betreut ein einziger Mitarbeiter den Fall und arbeitet ihn aus. Dazu kommt: Ein Kleingartenhaus ist für den Verfassungsgerichtshof unbedeutend. Und dann sagt wohl der Senat: ‚Wenn das so ist, wird das schon stimmen.' Ich möchte mal eine Einflussnahme auf die Justiz ausschließen. Was jedoch die Stadt Wien betrifft, sind die Behörden und Beamten dort weisungsgebunden. Mit den Bundesverwaltungsgerichten ist das ja anders geworden. Bei der Stadt wusste die erste Instanz, was sie zu tun hat, wenn sie von oben eine Weisung bekommt. Das ist für mich evident, denn Baubehörde oder Bauoberbehörde, das war alles ein geschlossener Kreis. Ich habe relativ viel auch in Bausachen zu tun. Da die Leitung der Bauoberbehörde weisungsgebundene Mitarbeiter der Stadt Wien waren, kann man sich vorstellen, wie Entscheidungen zustande kommen, wenn die Stadt etwas erreichen will."

Endlich unabhängige Richter.

„Jetzt geht der Rechtszug ja zum Landesverwaltungsgericht Wien. Dort stehen wir endlich vor unabhängigen Richtern, die unseren Fall beurteilen müssen. Dann wird es endlich auch mündliche Verhandlungen geben, wo wir alle Fakten darlegen können."

Nach jahrelangem Ringen in unserem Fall ist Dr. Sporn bereits ernüchtert: „Wie ich die Vertretung übernommen habe, konnte ich mir die gesamte Entwicklung nicht vorstellen. Unsere ganzen Klagen und Eingaben waren juristisch so handfest, die Beweislage so erdrückend und präzise recherchiert und dargelegt, dass ich unterstelle, dass der Wille gefehlt hat, dem Rechnung zu tragen."

Der Aktenberg in unserer Causa ist jedenfalls so groß, dass Werner Sporns Sekretärin Dagmar, hinter der er aufgestapelt wurde, kaum mehr sitzen kann. Sporn: „Ihr Büro ist vollgeräumt damit. Würde ich die Akten auf unseren zehn Meter langen Besprechungstisch auflegen, wäre der gesamte Tisch voll. Es ist unvorstellbar. Alleine der Arbeitsaufwand ist gigantisch, dieser eine Fall lastet einen Anwalt ja fast alleine aus."

Es geht konkret um zwei Bereiche:

- Den § 15 des Wiener Kleingartengesetzes, die Frage der Höhenlage. Da bin ich als Jurist davon überzeugt: Das wurde vom Gesetzgeber nicht ordentlich beschlossen. Es war ein Sommertag, der 9. Juli 1996 und der letzte Sitzungstag des Gemeinderates vor der Sommerpause. Es gab zahlreiche Gesetze zu beschließen bzw. abzuändern, und in dieser Hektik dürfte darauf vergessen worden sein. Jedem Menschen kann ein Fehler passieren, und ich bin davon überzeugt: Es ist passiert. Es gibt keine stillschweigende Beschlussfassung im Landtag, wenn ein Fehler gemacht wurde, wurde er gemacht. Dann hätten sie bei der nächsten Novelle ja den richtigen Text beschließen können.

- Der zweite Bereich sind die Geländeveränderungen. Diese muss man auch unter dem Blickwinkel sehen, dass das Ganze geradezu lächerlich ist. Es gibt keine Nachbarn, es stört niemanden, es ist kein Mensch betroffen davon. Dazu kommt: Zum Zeitpunkt, als das Haus errichtet wurde, gab es diese Beschränkung überhaupt nicht.

Ein Exempel statuieren.

„Es gibt Fälle in Wien, wo ein Exempel statuiert werden soll, wie diese arme Frau H., die mich verzweifelt angerufen hat, dass in der Früh ohne Ankündigung die Bagger vorgefahren sind und ihr Haus weggerissen haben. Das ist menschlich und persönlich unfassbar und erinnert mich schon an Oststaaten im Kalten Krieg. Moralisch ist das für eine Stadt wie Wien, die sich ihr soziales Wirken zugutehält, letztklassig."

Kein persönlicher Kontakt.

Die Problematik sieht der Top-Jurist in der Anonymität der Fälle und im fehlenden persönlichen Kontakt: „Die öffentliche Verwaltung, die Beamten, spielen das seelenlos herunter. Da gibt es nur wenige Ausnahmen, die es von einem anderen Blickwinkel aus sehen, und denen gebührt meine Hochachtung. Es fehlt diesen Beamten der persönliche und menschliche Kontakt. Das laste ich der öffentlichen Verwaltung zu einem Gutteil an."

DAS GEBOGENE RECHT

In der Justiz gäbe es diese Problematik kaum: „Bei den Richtern ist das anders, die sehen die Parteien, da bekommt ein Prozess auch eine emotionale Seite. Speziell die weiblichen Richterinnen haben ein enormes Gespür dafür."

Keine Chance.

Ein Fall wie dieser sei trotzdem außergewöhnlich: „Menschen, die nicht über das finanzielle Pouvoir verfügen, haben in solchen Fällen keine Chance. Unser Rechtsstaat hat sich schon enorm entwickelt, das ist überhaupt kein Thema. Ich kenne auch noch die Nachkriegszeit. Ohne sich einen Anwalt leisten zu können, geht es nicht. Es gibt wie bei den Ärzten eine Pyramide, da haben sie oben exzellente Experten und unten eine breite Basis, die solche Fälle ja gar nicht versteht. Und dann gibt es wieder ganz exzellente Anwälte, die ich nahezu verehre."

„Ich bin in machen Causen emotionell ja nicht frei. 25 Prozent meiner Causen sind Sozialcausen. Da kommen Leute, die kein Geld haben, und denen helfe ich unbürokratisch. Ich kann aber letztendlich nicht ein Viertel meiner Zeit für Sozialfälle verwenden, ich habe einen riesigen Apparat, ich kann mir das leisten, aber irgendwann fängt man zu denken an."

„Im gegenwärtigen Stadium, wenn alle Rechtsmittelberge abgeschlossen sind, wäre es ein Erfolg, wenn man die Stadt Wien dazu zwingt, den Gesetzgebungsakt dem Ordentlichen

Gericht vorzulegen. Ich nehme nicht an, dass dort etwas anderes als im Archiv der Stadt Wien zu finden ist. Und dass man dann einem Richter, der es verstehen will und versteht, aufzeigt, dass dieses Wiener Kleingartengesetz so nie beschlossen wurde. Das ist die wichtigste Möglichkeit, da sehe ich eine reelle Chance."

Das Paradoxe: Den Beweis kann nur unser Gegner erbringen, die Stadt Wien.

„Wir müssen nachweisen, dass das Gesetz so nicht beschlossen worden ist. Es kann aber ein Gericht nicht darüber befinden, sondern nur der Verfassungsgerichtshof. Und dieser hat seine Entscheidung anscheinend auf Basis eines unvollständigen Aktes getroffen. Wir selbst können den tatsächlichen Beweis nicht erbringen, dieser liegt in der Hand der Gegenseite, der Stadt Wien. In solchen Fällen sagt die Judikatur ganz allgemein, dass derjenige, der den Schadenersatz geltend macht, nur den ‚Anscheinsbeweis' erbringen muss, dass etwas nicht in Ordnung sei. Den Anscheinsbeweis habe ich mit der Einsicht in das Archiv der Stadt Wien erbracht. Dieser muss nun vom Gegner, der ja den Beweis hat – also der Stadt Wien –, widerlegt werden. So wird der Fall in rund zwei Jahren beim Obersten Gerichtshof liegen. Dann müsste die Stadt Wien den Akt endlich vorlegen."

Das mediale Interesse an Transparenz fehlt.

„Ich glaube, es fehlt in Österreich zu einem guten Teil das mediale Interesse am Thema Transparenz. Alleine die Tatsache, dass der Verfassungsgerichtshof sagt, es darf ein Bürger nicht in einen Gesetzgebungsakt einsehen, müsste bereits alle Alarmglocken zum Läuten bringen. Ich habe das verschiedenen Medien geschickt: Nicht ein einziges Medium hat diese Information aufgegriffen.

Ich hatte einmal auch mit Transparency International zu tun und habe auch diesen alle Unterlagen geschickt. Null Reaktion.

Es ist traurig, dass vieles nur über die Medien geht. Wenn man es in den Medien nicht aufzeigt, dann wird es nicht zum Thema. Ich könnte noch viel krassere Informationen und Fälle schildern, wo das die breite Öffentlichkeit betrifft, aber kein Mensch sich dafür interessiert."

Der vorbereitete Klient.

„Ich würde mir viele Klienten wie Friedrich Lind und Gerlinde Hrabik wünschen. Sie sind die idealen Klienten: perfektest vorbereitet, hoch intelligent. Wir führen seit Jahren ein offenes Gespräch, sitzen in meiner Kanzlei zusammen, ich sage ihnen, welche Ideen ich habe und was wir machen könnten, wir sprechen über das Für und Wider, und empfehle ihnen, was man sonst tun könnte. Wir haben mehrere juristische Optionen, die wir noch ausspielen werden."

Angst vor einer Blamage.

„Ich glaube, es ist letztendlich die Angst vor der Blamage. Denn wenn wir in diesem Fall obsiegen, gibt es nur eine Erklärung: Dass die Stadt Wien die Höchstgerichte falsch informiert hat. Das wäre für Wien eine Katastrophe. Und ein Skandal, der höchste politische und mediale Wellen schlagen wird."

DAS GEBOGENE RECHT

WIE ENTSCHEIDEN HÖCHSTGERICHTE?

Über den Formalismus des Verfassungsgerichtshofes

Am 12. September 2012 fand im Parlament eine Enquete über „Die Stellung der Höchstgerichte zueinander im Lichte der aktuellen Diskussion über eine Gesetzesbeschwerde" statt.

Dabei erklärte der Präsident des Verfassungsgerichtshofs, Univ.-Prof. Dr. Gerhart Holzinger, dass es alleinige Aufgabe des Verfassungsgerichtshofs sei, zu überprüfen, ob die Gesetze sowohl materiell als auch formal der österreichischen Verfassung entsprechen.

Ob daraus jemand einen Vorteil oder Nachteil habe, sei völlig irrelevant. Der Verfassungsgerichtshof hat nur der österreichischen Verfassung zu dienen. Obwohl man auch darüber diskutieren könnte, ob „möglichst" oder „unbedingt erforderlich" materiell ausreichende Definitionen sind, betrachten wir die rein formelle Seite zum Beschluss des Wiener Kleingartengesetzes 1996.

Damit in Wien ein Landesgesetz formell in Ordnung ist, sind drei Voraussetzungen notwendig:

1. Dass es richtig beschlossen wird.
2. Dass es richtig kundgemacht wird.
3. Dass der Bürgermeister und der Magistratsdirektor das Gesetz unterschreiben.

Der Verfassungsgerichtshof hat dazu festgestellt und in diversen Entscheidungen immer wieder darauf Bezug genommen, dass ein Gesetz überhaupt keine Wirkung erzeugt (also nicht gilt), wenn allein die Unterschrift unter dem Gesetz fehlt, selbst dann, wenn das Gesetz richtig beschlossen und veröffentlicht wurde (VfGH B 851-853/99).

Hans Kelsen, einer der bedeutendsten Rechtswissenschaftler des 20. Jahrhunderts, der als Architekt der österreichischen Bundesverfassung von 1920 gilt, die großteils bis heute in Kraft ist, schreibt im „Staatsunrecht" (Seite 95): „Falls die gesetzlichen Voraussetzungen bei Schaffung eines Gesetzes nicht erfüllt werden, liegt kein fehlerhafter Staatsakt, sondern rechtlich überhaupt nichts vor."

DAS GEBOGENE RECHT

Der berühmte Verfassungsrechtsexperte Univ.-Prof. Dr. Ludwig Adamovich schreibt in „Prüfung" (Seite 27 und 30): „Gesetze, die mit der Verfassung aus formellen oder materiellen Gründen in Widerspruch stehen, sind rechtlich irrelevante nichtige Akte."

Adamovich/Spanner, Verfasser des Handbuchs des österreichischen Verfassungsrechts, sehen die Gerichte ermächtigt, zu untersuchen, ob ein Gesetz in der verfassungsmäßig vorgeschriebenen Form kundgemacht wurde. Wenn sie das nach Prüfung verneinen, so haben sie dieses Gesetz bei Entscheidung des anhängigen konkreten Rechtsfalles zu ignorieren, d.h. sie haben den Rechtsfall so zu entscheiden, als ob das Gesetz niemals kundgemacht worden wäre.

Univ.-Prof. Dr. Richard Novak schreibt in „Die Fehlerhaftigkeit von Gesetzen und Verordnungen" (Seite 51): „Auch der Verfassungsgerichtshof hat nicht gehörig kundgemachte Gesetze als absolut nichtige Akte zu behandeln. Die Sanktion des Kundmachungsfehlers ist nicht die Aufhebung des Gesetzes als verfassungswidrig, sondern die Verneinung seiner Rechtserheblichkeit."

Univ.-Prof. Dr. Richard Novak im selben Buch (Seite 54): „Ist eine der beiden Voraussetzungen (richtige gehörige Kundmachung und gültiger Gesetzesbeschluss) nicht gegeben, so sind die Gerichte (nicht nur der Verfassungsgerichtshof) berechtigt und verpflichtet (!), das Gesetz als absolut nichtigen

Akt zu werten. (…) Es genügt nicht, dass ein Gesetz als solches deklariert wird. Jeder schwere und offenkundige Fehler der Gesetzeserzeugung ist von den Verwaltungsbehörden im Wege der Nachprüfung wahrzunehmen (Seite 61)."

Immerhin hat der Verfassungsgerichtshof zum Stand 1967 (!) bereits in 34 Fällen die Verfassungswidrigkeit eines Gesetzes allein aus formalgesetzlichen Gründen ausgesprochen.

Was heißt das konkret für unseren Fall?

Am 28. Juni 1996 hat die Landesregierung einen Gesetzesentwurf zum Wiener Kleingartengesetz vorgelegt. Dieser wurde einem Fachausschuss zur Bearbeitung übermittelt. Dort wurde der Vorschlag abgeändert. Bis zu diesem Punkt ist alles in Ordnung.

Der Ausschuss ist berechtigt, Vorschläge abzuändern. Normalerweise muss dann nach der Geschäftsordnung ein Protokoll verfasst werden, das Protokoll aufgelegt und nach Ablauf der Auflagefrist dem Präsidenten des Landtags übermittelt werden. Dieser leitet es rechtzeitig vor der Landtagssitzung an die Abgeordneten weiter.

In der Landtagssitzung wird normalerweise die geänderte Fassung des Gesetzes zum Beschluss erhoben und es wird darüber abgestimmt. Hat es im Ausschuss eine Abänderung der Regierungsvorlage gegeben, so ist nach der Geschäftsordnung der Berichterstatter im Landtag (in diesem Fall war das der damalige Stadtrat Dr. Swoboda) verpflichtet, die Änderungen vorzutragen, damit auch die Abgeordneten Bescheid wissen, die das geänderte Gesetz nicht gelesen haben.

In unserem Fall hat der Ausschuss die Regierungsvorlage am 1. August 1996 geändert, die Landtagssitzung fand am 9. August 1996 statt. Dazwischen lagen ein Wochenende und nur wenige Arbeitstage. Die Landtagssitzung am 9. August war eine Sondersitzung in der ansonsten sitzungsfreien Urlaubszeit.

Die Sondersitzung fand deshalb statt, weil Bürgermeister Häupl fürchtete, die absolute Mehrheit bei der im Herbst bevorstehenden Gemeinderatswahl zu verlieren (was auch tatsächlich passierte). Deshalb wurden in dieser von 9 Uhr bis nach 22 Uhr dauernden Sitzung zahlreiche Gesetze und Gesetzesänderungen „durchgepeitscht".

Was in einer Landtagssitzung beschlossen wird, ist in einem amtlich beglaubigten Protokoll – genauer sogar in zwei Protokollen – festgehalten: ein Protokoll ist das so genannte Beschlussprotokoll, das zweite ist das Wortprotokoll, in dem die Sitzung wortwörtlich festgehalten wird.

Diese Protokolle sind im Wiener Stadt- und Landesarchiv abgelegt und (nach Voranmeldung bzw. Vorbestellung) für jedermann einsehbar. Zusätzlich gibt es eine Informationsdatenbank, in der diese Unterlagen auch elektronisch eingesehen werden können.

In unserem Fall gibt es kein Protokoll über die Ausschusssitzung am 1. August 1996. Ob und wann die Abänderungen der Gesetzesvorlage an den Präsidenten und die Abgeordneten weitergeleitet worden sind, wissen wir nicht. Wiens Bürgermeister Michael Häupl verweigert hier jede Einsichtnahme, sogar Landtagsabgeordneten verweigert er die Einsicht.

Der Berichterstatter hat in der Sitzung kein einziges Wort über die im Ausschuss vorgenommenen Änderungen verloren. Im Beschlussprotokoll ist die ursprüngliche Regierungsvorlage (ohne die Änderungen im Ausschuss) abgelegt.

Hier ist es demnach zu einem schweren Fehler gekommen. In der Hast der Sondersitzung wollte man sicherlich die im Ausschuss abgeänderte Fassung beschließen, hat dies aber anscheinend irrtümlich nicht getan, sondern die ursprüngliche Regierungsvorlage beschlossen.

Die beiden Fassungen unterscheiden sich in über dreißig Punkten!

Für uns ist dabei wesentlich, dass im § 15, Absatz (1) in der Kundmachung des Gesetzes als letzter Satz aufscheint: „Die Baulichkeiten sind der bestehenden Höhenlage möglichst anzupassen." Dieser Satz fehlt aber im beschlossenen Gesetz, weil er erst in der Abänderung durch den Ausschuss eingefügt wurde.

Ein schwererer Fehler bei einer Gesetzwerdung ist kaum vorstellbar. Damit würde aber der Kritikpunkt der MA 37, der unsere Genehmigungen verhindert, wegfallen und wir wären am Ziel.

Was macht die Magistratsdirektion, nachdem wir sie auf diesen Fehler aufmerksam gemacht haben?

Sie hält eine interne Sondersitzung ab und überlegt, wie sie das Problem elegant aus der Welt schaffen kann. Dann verfasst sie ein Schreiben an den Verfassungs- und Verwaltungsgerichtshof, in dem sie bestätigt, dass das Gesetz ordnungsgemäß beschlossen wurde und lediglich in der Informationsdatenbank ein Fehler passiert sein dürfte, da dort der Gesetzesbeschluss ohne diese Abänderungen abgelegt wurde.

Das ist krass gelogen und ein Verfahrensbetrug.

Sowohl der Verfassungs- und Verwaltungsgerichtshof glauben dies aber ohne weitere Prüfung (die leicht möglich gewesen wäre) und legen diese Auskunft jeweils für negative Entscheidungen gegen uns zugrunde. In den Aussagen darin sogar, indem sie uns mitteilen, dass der von uns beauftragte

Gutachter Univ.-Prof. Dr. Siegbert Morscher, der über zehn Jahre selbst Richter am Verfassungsgerichtshof war, „übersehen" hätte, dass der Gesetzesbeschluss in der Informationsdatenbank falsch abgelegt wurde. Dazu wurde uns vorgeworfen, dass unsere gebetsmühlenartig vorgebrachten Fakten (keine Auslegungen, sondern „hard facts") „notorisch" seien. Auch die Begründung, es „sei üblich, dass eine Abänderung im Ausschuss dem Landtag zum Beschluss vorgelegt werde", ist hinkend. Einerseits ist das wirklich üblich, andererseits ist es in unserem Fall amtlich beurkundet NICHT passiert. Außerdem ist „üblich" eine für einen Juristen im Verfassungsgerichtshof sehr merkwürdige (um nicht zu sagen juristisch unwürdige) Erklärung. Gegen diese Entscheidungen sind keine Rechtsmittel möglich.

Was macht die Stadt Wien? Sie verbreitet auf jede Anfrage, dass sowohl der Verfassungs- als auch der Verwaltungsgerichtshof die Gesetzwerdung geprüft und für völlig in Ordnung befunden hätten.

Wie soll man da noch an den Rechtsstaat Österreich glauben?

DAS GEBOGENE RECHT

PSYCHOTERROR

Die Wahrheit abseits der rechtlichen Auseinandersetzungen

Von Friedrich Lind

Wie schlafen Sie ein, wenn Sie wissen, dass ein mächtiger Gegner Ihr Zuhause zerstören möchte? Mit welchem Gefühl wachen Sie auf, wenn mit jedem neuen Tag der Beginn einer neuen Attacke droht?

Es ist alles andere als normal, 13 Jahre lang in einem solchen Zustand zu leben. Meine Frau Gerlinde und ich müssen dies seit dem Jahr 2002. Nicht jeder von uns geht mit den Auseinandersetzungen vergleichbar um. Mich hat die Natur begünstigt, selbst mit größten Problemen, Ängsten und Gefahren besonnen umgehen zu können. Bei meiner Frau ist dies anders. Gerlinde ist ein sensibler Mensch, eine starke Frau, die im Beruf viel erreicht hat, aber mit Ungerechtigkeit und dem Gefühl der Ohnmacht gegenüber einem übermächtigen, unfairen Gegner nur sehr schwer umgehen kann.

Das gebogene Recht

Wenn wir juristisch unterliegen, war alles umsonst.

Wir haben im Laufe der Jahre, nachdem wir unsere beiden Parzellen gekauft haben, weitere Grundstücke erworben. So haben wir im letzten Jahrzehnt mehrere Parzellen auf dem Wiener Schafberg gekauft. Auf dieser gesamten Fläche steht, sieht man von kleinen Nebengebäuden einmal ab, nur eines: unser gekuppeltes Haus.

Was würde also passieren, wenn die Stadt Wien tatsächlich unser Haus abreißt und alle unsere juristischen Versuche nichts nutzen würden? Diesen Worst Case, den schlimmsten anzunehmenden Fall, haben wir bereits festgelegt: Wir werden die Parzellen wieder aufteilen und an einen Bauträger verkaufen. So können darauf bis zu 28 Kleingartenhäuser auf 250 Quadratmeter großen Parzellen entstehen, eine ganze Siedlung, zwei Stockwerke hoch.

Wenn wir verlieren, werden Betonburgen auf dem Schafberg entstehen.

Dort, wo jetzt Rehe im Winter durch unser Grundstück laufen, wo Bienen leben, wo sich Füchse gute Nacht sagen, wo wir ganze parkähnliche Gärten mit blühenden Pflanzen und Gemüse angelegt haben, stünden mit einem Mal Betonburgen. Für alle Nachbarn und die Anrainer am Schafberg wäre dies ein Albtraum. „Sie kämpfen auch für uns, Herr Lind", sagte mir erst vor Kurzem eine Nachbarin, die lieber auf Grün schaut und nicht auf Häuserburgen.

Für uns wäre dies sogar ein gutes Geschäft. Nur: Wir wollen es nicht. Wir wollen ein Stück Grün in Wien erhalten, wir wollen die Biodiversität schützen, das parkähnliche Flair erhalten und nichts anderes als in jenem Haus weiter leben können, das in den letzten 13 Jahren zu unserem Zuhause geworden ist.

Gerlinde ist seit den gerichtlichen Auseinandersetzungen oft nachdenklich, manchmal auch verzweifelt. Ich glaubte all die Jahre immer wieder an die Gerechtigkeit und daran, dass Recht letztendlich siegen muss. Erst Ende 2014 nahm meine Stimmung eine Wende. Es wurde ein Besichtigungstermin zur Ermittlung der Abbruchkosten festgelegt.

Bis dahin bemühte ich mich durch einzelne Verfahren in Teilbereichen, wo uns Bewilligungen bislang versagt worden sind, diese zu bekommen. Da waren wir auf einem guten Weg. Die letzte Entscheidung sollte sein, eines unserer beiden Häuser vom Korpus und von der Höhenlage genehmigt zu bekommen. Etwas, zu dem sich eine Behörde nur dann durchringen kann, wenn definitiv nichts mehr geht. Doch dann urteilte der Verwaltungsgerichtshof, dass die Geländeveränderungen nur vorgenommen wurden, damit „ein nicht-genehmigungsfähiges Haus genehmigungsfähig wird".

DAS GEBOGENE RECHT

Auch Höchstgerichtsentscheide sind manchmal tatsachenwidrig.

Das ist tatsachenwidrig, da auf dem Plan das Haus mit dem alten Gelände eingezeichnet ist und dabei alle gesetzlichen Vorschriften eingehalten wurden. Doch Höchstgerichtsentscheid ist Höchstgerichtsentscheid, ob tatsachenwidrig oder nicht.

Ich schrieb einen Brief an die zuständige Sachbearbeiterin beim Verwaltungsgerichtshof und auch an den zuständigen Richter. Ihre Argumentation ist objektiv nicht anders, als würden sie behaupten: „Herr Lind, Sie haben zwei Köpfe und sieben Beine." Dies ist objektiv falsch – wie diese Erkenntnis – aber wenn ein Höchstgericht dies sagt, kann man es nicht mehr ändern.

Was mich verwunderte: Der Verwaltungsgerichtshof nahm sich nicht einmal die Mühe, das intelligent zu untersagen oder mit plausibler Begründung abzuweisen, denn jeder befragte Jurist erkennt rasch, dass dies nicht stimmen kann. Aber du hast keine Instanz mehr und im Gegenteil, das Urteil wird automatisch beim nächsten Verfahren als Argumentation verwendet und sie beziehen sich sofort wieder auf diese Erkenntnis. Ein Kreislauf, aus dem du nicht mehr herauskommst.

Dieses Urteil veränderte Gerlinde und mich. Denn es zeigte uns abermals die Hilflosigkeit gegen eine starke politische Übermacht.

„Jetzt fahren wir mit den Baggern an!"

Was uns aber noch mehr bedrückte: Nachdem diese Entscheidung kam, hat die MA 25 sofort beschlossen, das Urteil nun endlich umzusetzen und unser Haus abzureißen. „Jetzt fahren wir mit den Baggern an", war die Devise. Das erinnerte mich an ein Gespräch mit dem Leiter der Magistratsabteilung 25, der mich süffisant belächelte und sagte, sie bewundern mich in der MA zwar wegen meiner Hartnäckigkeit, aber all diese Verfahren „nutzen trotzdem überhaupt nichts".

Dieses objektiv nicht nachvollziehbare Urteil und die Präpotenz der Behörden machten uns ratlos. Die Erkenntnis war simpel: Die Stadt Wien kann machen, was sie will.

Wie reell war unsere Chance also tatsächlich, uns noch wehren zu können?

Bereits drei Jahre zuvor machten mich zwei Punkte unsicher:

- Im März 2011 meinte ein Höchstrichter, die von uns durchgeführte Geländeveränderung sei auch dann rechtswidrig, obwohl keine Anzeigepflicht oder Bewilligung notwendig sei, da sie im § 7 des Wiener Kleingartengesetzes bei den Baumaßnahmen nicht explizit angeführt und somit abschließend geregelt sei. Diese Begründung war uns neu und ist laut allen befragten Fachleuten falsch. Diese Entscheidung wird in der Literatur totgeschwiegen, wobei das eine ganz essenzielle Aussage ist, ob Baumaßnahmen im § 7 generell abschließend geregelt sind oder nicht.

- Der zweite kritische Punkt war, als in einer offiziellen Anfrage nach dem Auskunftspflichtgesetz an Wiens Wohnbaustadtrat Michael Ludwig und in einer weiteren an Senatsrat Kirschner von der zuständigen Baubehörde beide schriftlich bekundeten, dass die Baumaßnahmen im § 7 natürlich nicht abschließend geregelt seien, das könne auch gar nicht sein. Weil sonst wären ein Hausabbruch, eine Kanalerrichtung oder das Betonieren eines Parkplatzes rechtswidrig, da diese Handlungen im § 7 nicht eigens angeführt sind. Genauso wenig wie die Geländeveränderung. In den Erläuternden Bemerkungen zum Gesetz, in denen der Gesetzgeber die Zielsetzung erklärt, steht sogar wortwörtlich, dass die Geländeveränderung in Kleingärten freigegeben wird („… sonstige Bauführungen im Kleingarten … sind in Hinkunft überhaupt nicht mehr von einer Bewilligungspflicht umfasst", „Geländeveränderungen in Kleingärten sind in Hinblick auf Abs. 1 künftig bewilligungsfrei"). Der Verwaltungsgerichtshof hat aber unsere Genehmigungen ausschließlich deshalb untersagt, weil die durchgeführten Geländeveränderungen nicht im § 7 (WKLGG) enthalten waren. Das war der einzige Grund. Das würde jedoch bedeuten, dass zahlreiche Wiener Kleingärtnerinnen und Kleingärtner auf Basis dessen rechtswidrig gebaut hätten. Maßnahmen bis hin zum Abbruch würden drohen. Das Höchstgericht trifft also eine paradoxe, um nicht zu sagen falsche Entscheidung. Der zuständige Stadtrat und die zuständige Behörde halten sich nicht an die Entscheidung des Höchstgerichts und widersprechen unter Wahrheitspflicht in einer offiziellen Anfragebeantwortung explizit dem Urteil der Höchstrichter! Und in der Literatur wird die Entscheidung totgeschwiegen.

Wenn so viel Kraft und Macht vorhanden ist, womit will man dann sein Recht durchsetzen?

DIE QUALITÄT DES LEBENS: WAS IST ZEIT?

Ist das Leben nicht zu schade,
um es mit Konflikten zu verbringen?
von Friedrich Lind

Ich hätte mir nie gedacht, dass ich fast eineinhalb Jahrzehnte meines Lebens mit dem Kampf um mein Heim verbringen werde. Ich bin heute 63 Jahre alt und verbringe nun seit rund 13 Jahren meine Zeit mit komplexen juristischen Themen rund um den Kleingarten.

Ein Nachkriegskind aus Wiener Neustadt.

Meine Kindheit war sehr schön, ich hatte wunderbare Eltern, sie war aber auch von Entbehrungen der damaligen Zeit geprägt. Ich wurde 1952 in Wiener Neustadt geboren, der Zweite Weltkrieg war gerade mal ein paar Jahre vorbei und manche Relikte dieser Zeit – Wiener Neustadt war die meistbombardierte Stadt Österreichs – prägten noch immer das Bild der Stadt. Als ich vier Jahre alt war, bauten meine Eltern ein kleines Haus in einer Siedlung am Stadtrand. Ich habe zwei Schwestern, war schon als Kind sehr sportlich und interessierte mich speziell für Mathematik.

Weil alle meine Freunde ein humanistisches Gymnasium besuchen wollten, landete ich schließlich auch dort, wo ich mich bis zur Matura mit Latein und Altgriechisch abkämpfen musste. In diesen Fächern war ich nicht besonders talentiert, gab aber mein Bestes.

Ich hatte einen begnadeten Professor in Mathematik, der mich unglaublich forderte, mich aber auch motivieren konnte. Ich löste komplexe Rechnungen an der Tafel oft anders, als er erwartet hätte. Das überraschte ihn immer wieder. Was mir abging, waren aber lebende Fremdsprachen, wir hatten keine einzige auf dem Lehrplan. Englisch musste ich mir viel später mühsam im bescheidenen Umfang selbst beibringen. Bei der Matura war ich erst siebzehneinhalb Jahre alt.

Ich war ein guter Sportler und betrieb viele Sportarten wettkampfmäßig (Fußball, Faustball, Leichtathletik, Turnen, Schwimmen, Wasserball). Im Wasserball spielte ich sogar im Juniorennationalteam.

Nach der Matura war mein Ziel, Medizin zu studieren und Arzt zu werden. Ich zog damals ins Albert-Schweitzer-Heim nach Wien, in ein Studentenheim, das als extrem fortschrittlich galt. Mädchen und Jungen waren gemischt und am Wochenende gab es die tollsten Partys. Doch schon nach einem Jahr stellte ich fest, dass Medizin nicht das ist, was ich wollte. Ich hatte einen sehr engen Freund, mit dem ich vom Kindergarten bis zur Matura immer zusammen war. Wir gingen auch in dieselbe Klasse. Seinem Vater gehörte die zweitgrößte Arztpraxis in Niederösterreich. Er holte mich einmal zu sich und redete lange auf mich ein: „Schau dir an, was ein praktischer Arzt verdient, das ist viel Geld! Das Studium darfst du nicht aufgeben!" Ich ließ mich schließlich von ihm überreden und studierte noch ein zweites Jahr Medizin, machte meine Prüfungen, hörte aber schließlich auf und war verzweifelt, weil ich zwei Jahre vertan hatte.

Mein erster Job: Mathematiker bei einer Versicherung.

Da zeigte mir mein Vater eines Tages eine Annonce in der Zeitung: „Wir finanzieren Ihr Studium". Das faszinierte mich, ich bewarb mich und wurde prompt genommen. Die Anzeige entpuppte sich mehr oder weniger als Fake, denn man musste für die Finanzierung des Studiums der Versicherungsmathematik auch entsprechend für die Victoria Versicherung arbeiten. Ich jobbte neben dem Versicherungsmathematik-Studium halbtags bei ihr und war schließlich statt in sechs bereits in fünf Semestern fertig.

DAS GEBOGENE RECHT

Mein Professor an der TU Wien, Univ.-Prof. Dr. Karl-Heinz Wolff, war ein weltweit anerkannter Mathematikexperte und genialer Lehrmeister. Von ihm bekam ich sogar ein Empfehlungsschreiben. Nach der Victoria Versicherung bekam ich einen tollen Job bei der Anker-Versicherung. Ich war der Einzige dort, der nicht bei der Gewerkschaft war. Die Frau des österreichischen Sozialministers Alfred Dallinger war damals unsere Personalchefin, doch auch diese schaffte es nicht, mich von einem Parteibuch oder einer Mitgliedschaft zu überzeugen.

Ich gehöre auch heute noch keiner politischen Partei oder irgendeiner Interessengemeinschaft wie CV, Freimaurer o.Ä. an. Deshalb hatte ich auch nie eine Lobby hinter mir.

Sehr rasch avancierte ich zum stellvertretenden Chefmathematiker der Anker-Versicherung. Versicherungsmathematiker waren damals oft verschrobene Leute, die ihr Know-how wie eine Geheimwissenschaft hüteten. Sie sind der natürliche Feind des Vertriebs, denn der Vertrieb hat klare Bedürfnisse, wie ein Produkt aussehen muss, um es verkaufen zu können. Die Mathematiker halten meist mit empirischen, rationalen und mathematischen Argumenten dagegen. Bei der Anker-Versicherung war das nicht so, beide Abteilungen arbeiteten perfekt zusammen.

War das wirklich alles?

Nach einiger Zeit wusste ich, dass das nicht das Ende meiner beruflichen Laufbahn sein konnte. Mein Chef hatte noch in etwa zwanzig Jahre bis zur Pensionierung vor sich und über den Posten des Chefmathematikers hinaus würde ich es wohl in einer Versicherung nicht bringen. Heute besetzen allerdings etliche Mathematiker Vorstandspositionen oder sogar die Position eines Generaldirektors. Das war damals noch nicht so. Ich ging schließlich in das Finanzgeschäft und lernte dort von der Pike auf alle Grundlagen.

Ich machte mich selbstständig.

Bis ich mich 1978 zuerst mit zwei Partnern, später alleine, selbstständig machte. Damals war ich gerade einmal 26 Jahre alt. Ich wohnte zu der Zeit wieder in Wiener Neustadt, wir begannen damals mit den ersten Immobilienprojekten und hatten Büros in Salzburg, Graz, Linz und Laxenburg.

Ab den 1980-Jahren entwickelten wir die ersten Investoren-Immobilienmodelle.

Teilweise waren diese mit erheblichen Steuervorteilen verbunden, teilweise aber auch nicht. Ich habe da sehr viel Neuland beschritten und sehr viele Nischen ausgenutzt, so z.B. die Thesaurierung von Gewinnen bei Kapitalgesellschaften,

Finanzierungen über obligationenähnliche Gewinnscheine und mehr. Damals wurde ich deshalb oft kritisiert, heute ist dies „State of the Art".

Meine Eigenschaften.

Ich bin von Grund auf ein sehr optimistischer Mensch und glaube gerne an das Gute im Menschen. Das wird mir aber auch oft als Schwäche vorgeworfen. Ich musste auch mit herben Rückschlägen leben, einmal bei einer sehr großen Aktienkrise Anfang der 1990er-Jahre, einmal durch die große Finanzkrise 2008, die eigentlich bis heute andauert. Dabei war ich immer selbst der am meisten Leidtragende, da ich neben anderen Investoren selbst am meisten Geld in diese Projekte investiert hatte und dadurch z.B. bei der Aktienkrise existenziell bedroht war. Durch übergroßen Einsatz, etliche Jahre mit über hundert Arbeitsstunden pro Woche konnte ich alle Schwierigkeiten beseitigen und auch alle Verbindlichkeiten tilgen.

Meine Stärke ist, dass ich selbst komplexe Fälle bis zum Schluss aussitzen kann, bis zum letzten Punkt, wenn andere längst das Handtuch geschmissen haben. Ich habe mich immer wieder auf Nischen spezialisiert, denen sich kein anderer widmet. Ich habe auch persönlich viele Risiken in Kauf genommen, aus denen Gott sei Dank per Saldo Erfolge resultierten.

Ich denke, ich habe ein ganz gutes Gespür für Geschäfte und bin bereit, auch Wege zu gehen, die nicht alltäglich sind.

In den letzten Jahren habe ich mich aber verändert. Ich bin über 60 Jahre alt und habe einen sehr jungen Partner, dem ich meine Erfahrung und notwendige Unterstützung angedeihen lasse.

Würde ich unter den vielen Behördenverfahren in unserer Sache leiden, wäre dies fatal. Ich kann woanders ebenso glücklich sein wie am Schafberg. Es bringt mich nicht um, aber zu versuchen, sich unter diesen Widrigkeiten durchzusetzen und nicht aufzugeben, das treibt mich an. Ansonsten müsste ich anhand der Lage verzweifeln. Ich glaube nicht, dass von Seiten des Wiener Stadtrats Michael Ludwig etwas Persönliches gegen uns vorliegt. Da geht es „nur" darum, wie sich Politiker in Szene setzen können. Das ist für sie das Wichtigste. Und die Beamten kennen das und entwickeln einen vorauseilenden Gehorsam. So entsteht eine Spirale, die immer enger wird, auch die Behörde kann nicht mehr zurück. Wie in einer griechischen Tragödie.

Als Optimist und nach wie vor im Glauben an den österreichischen Rechtsstaat bin ich überzeugt, den Baukonsens doch noch zu erreichen.

Sollte das wider Erwarten aber nicht der Fall sein, werde ich das mit erhobenem Haupt akzeptieren und nicht auf das Niveau der Magistratsdirektion herabsteigen. Lüge und Betrug kommen für mich nicht in Frage.

Wir würden vom Schafberg wegziehen, die Grundstücke bis auf eines verkaufen. Auf dieses eine würde ich ein großes Mahnmal stellen, das auf die Lügen und Betrügereien der Gemeinde Wien hinweist, sodass alle Spaziergänger am Schafberg dies laufend sehen können.

Auch in Anbetracht all dieser Umstände bin ich ein unglaublich zufriedener Mensch. Wer in sich ruht, kann glücklich sein.

DAS GEBOGENE RECHT

IST ES DAS ALLES WERT?

Über die ständige Angst, sein Heim zu verlieren

Von Gerlinde Hrabik

Ich komme aus einer Arbeiterfamilie und habe mir alles, was ich besitze, selbst hart erarbeitet. Mein erster Job war in einer Privatbank, damals ein sicherer Beruf. Ich war ehrgeizig und arbeitete schon als junge Frau sehr viel.

Als ich dann in die Immobilienbranche kam, wusste ich: Das ist meins. Es war meine Berufung, mein Hobby, mein Job. Ich arbeitete mich zur Prokuristen und in der Folge zur Geschäftsführerin in der Firma hoch, wo ich einst als Sekretärin begonnen hatte. In dieser Zeit lernte ich geschäftlich Friedrich kennen, meinen zukünftigen Mann. Ich machte mich 1996 als Maklerin und Hausverwalterin schließlich selbstständig und hatte erfreulicherweise Erfolg.

Die Welt schien in jeder Hinsicht in Ordnung. Als ich dann 1998 Friedrich heiratete, war alles perfekt. Für mich war die Selbstständigkeit und Unabhängigkeit sehr wichtig, er hat das akzeptiert. Er hat auch akzeptiert, dass ich meinen Namen in der Ehe behalten wollte. Die ganze Immobilienbranche kannte mich unter dem Namen Hrabik, und das war mir zumindest damals wichtig.

Ich habe dann, wie wir mit dem Bau unserer Häuser begonnen haben, meine Firma verkauft und konnte mir eine Auszeit von zwei Jahren nehmen, um mich nur mit unseren Häusern zu beschäftigen. Ich stand täglich auf der Baustelle, ich kannte und kenne jedes kleinste Detail – und habe so wirklich eine Beziehung zu unseren Häusern aufgebaut.

Nachdem wir eingezogen sind, wollte ich gerne wieder arbeiten. Da hat sich eine Tätigkeit in einem Unternehmen mit Bezug zu Immobilien angeboten und somit übernahm ich die Geschäftsleitung einer Gebäudereinigungs- und Schneeräumungsfirma. Auch mit dieser Firma gelang es mir durch harte Arbeit, Erfolg zu haben.

Die behördlichen und die dadurch auftretenden gesundheitlichen Probleme haben es mir dann jedoch nicht mehr erlaubt, so intensiv weiterzuarbeiten, und ich entschloss mich schließlich, die Geschäftsführung zurückzulegen und aus der Firma auszuscheiden. Heute mache ich das eine oder andere

Immobiliengeschäft, ganz ohne Druck, und achte sehr auf meine Gesundheit.

Ich dachte zunächst nie, dass sich aus unseren anfänglichen Problemen mit der Behörde ein langjähriger Streit entwickeln könnte. Ich glaubte an das Rechtssystem und hatte zu Beginn keine Sorge, dass der Rechtsweg nicht doch noch positiv für uns ausgeht.

Doch ab den ersten richtigen Niederlagen 2011 sagte ich zu meinem Mann: „Wir haben nichts mehr zu verlieren und müssen uns nun mit allen uns zur Verfügung stehenden Mitteln wehren."

Schlaflose Nächte, Migräne, Unverträglichkeiten, Tränen, Trauma.

Ich bin ein harmoniebedürftiger Mensch, und diese Probleme und Streitereien machten mir ordentlich zu schaffen. Ich hatte unzählige schlaflose Nächte und tägliche Migräneattacken. Es flossen viele Tränen. Ich lebte in ständiger Angst, mein Heim zu verlieren und musste deshalb professionelle Hilfe in Anspruch nehmen, um dieses Trauma aufzuarbeiten.

Für mich war die Zeit wahnsinnig schwierig, mein Mann Friedrich und ich arbeiteten immer extrem viel und kamen spät abends todmüde nach Hause. Aber nicht um zu relaxen, den Abend zu genießen und vielleicht ein Gläschen Wein zu trinken, sondern um unser Haus zu kämpfen. Wir hatten fast jeden Abend Besprechungen: Anwälte, Berater, Rechtsexperten – alle gaben sich bei uns die Klinke in die Hand. Das machte mir sehr zu schaffen. Es war ständig jemand bei uns und das Thema war den ganzen Tag über präsent.

Mein Mann kann mit dieser Situation besser umgehen als ich, aber selbst bei ihm liegen die Nerven manchmal blank. In einer solchen Auseinandersetzung gegen einen so großen Gegner fühlt man sich machtlos.

Ich komme ja selbst aus der Immobilienbranche und Behördenprobleme waren immer Teil meines Alltags. Aber was bei uns passiert, hat eine ganz andere Qualität.

Ich hatte zu dieser Zeit auch noch familiäre Probleme. Meine Mutter erkrankte an Alzheimer. Bis zu diesem Zeitpunkt hatte ich ja wenig Ahnung von dieser Krankheit. Mein betagter Vater konnte diese Situation lange nicht akzeptieren. So blieb es an mir, mich damit auseinanderzusetzen. Ich besuchte Selbsthilfegruppen und besorgte mir viel Literatur, um mit dieser Situation richtig umgehen zu können. Ein harter Weg – aber auch das habe ich gut in den Griff bekommen.

Trotzdem – es wurde langsam alles zu viel für mich. Dann begannen auch noch meine Unverträglichkeiten. Ich wusste nicht mehr, was ich essen sollte. Ist es das wirklich?

Ich habe jedoch mittlerweile gelernt, loszulassen, und denke, dass das Leben auch nach einem Abbruch weitergeht. Wer weiß wo? Aber es wird – gemeinsam mit meinem Mann – weitergehen. Wir haben auf dem Schafberg ein tolles Zuhause geschaffen, aber wenn die Behörde obsiegen sollte, werden wir alles verkaufen. Dann will ich hier nicht mehr leben. Wir werden unsere Grundstücke verkaufen und somit werden mit Sicherheit zwanzig bis dreißig Kleingartenhäuser in der Ladenburghöhe errichtet, dort, wo jetzt nur unser Haus steht. Ein traumhaftes Stück Natur wird verhüttelt und bevölkert. Das Chaos kann ich mir heute schon vorstellen, denn es gibt weit und breit nicht einmal Parkplätze. Doch das soll dann die Politik den erbosten Anrainern erklären.

Kein Einziger unserer Freunde versteht, warum wir uns diesen Kampf noch antun. Jeder riet uns, das Haus zu verkaufen und woanders in Ruhe zu leben. Wir überlegten sogar kurzfristig einmal, auszuwandern, aber das haben wir wieder verworfen. In Wahrheit fühlen wir uns in Wien wohl – solange unser Haus steht.

Es ist bitter, in der zweiten Hälfte eines erfüllten Arbeitslebens sich mit einer Stadt auseinandersetzen zu müssen, die jeden Bezug zu ihren Bürgern verloren hat. Friedrich und ich hatten jahrelang kein Wochenende, mein Mann saß nächtelang über Gerichtsakten. Die strategischen Vorgaben kamen oft von ihm, die Anwälte setzten sie dann in Schriftsätze um. Ohne seinen persönlichen Einsatz wäre unser Haus mit Sicherheit schon abgerissen worden. Er kennt jeden Beschluss, jede Bauordnung, alle Gesetze hat er durchforstet, er sah sich die alten Entscheidungen durch, auch der Höchstgerichte, und versuchte zu analysieren, auf welcher Basis sie in die eine oder andere Richtung gefällt worden sind. Ohne dieses Aktenstudium, ohne das Zerpflücken der Urteile, die er nicht einmal, sondern hundertmal gelesen hat, wären wir nie so weit gekommen. Er ist ein lösungsorientierter Mensch, der immer versucht, einen Konsens zu finden. Dass ein Gesetz falsch beschlossen wurde, weil ein Satz in der Beschlussfassung nicht vorkam – da kommen wohl 99 von 100 Anwälten nicht darauf. Mein Mann hat diesen Fehler gefunden, weil er akribisch alles durchforstete.

Die negative Haltung der Behörde zwingt dich dazu, dass du noch stärker in die Materie einsteigst. Mein Mann könnte heute Berater im Kleingarten werden, wenn es ihm vielleicht einmal langweilig werden sollte – was ich allerdings ausschließe.

In den letzten Jahren sind viele unserer Berater zu Freunden geworden. Das gab mir Kraft. Mit vielen Nachbarn haben wir längst eine freundschaftliche Beziehung entwickelt.

Der Wald und der Garten als Kraftquelle.

Wann immer ich neue Kraft brauche, ging und gehe ich noch immer in den Wald spazieren. Zehn Minuten, eine Stunde –

ganz egal. Früher bin ich mit meinen beiden Hunden gegangen. Nachdem ich beide im gehobenen Alter – auch in dieser schweren Zeit – verloren habe, gehe ich jetzt alleine. Das war und ist für mich die wichtigste Energiequelle. Deshalb liebe ich diese Lage unseres Hauses direkt am Wienerwald so besonders.

Ich habe einen wunderschönen Garten angelegt, habe viele Bäume und Blumen gesetzt, Gemüse und Obst angebaut und fühle mich in unserem Refugium sehr wohl.

Der Anknüpfungspunkt waren unsere Hunde.

Ich war zeit meines Lebens eine gute Nachbarschaft gewohnt. Ich lebte vorher in einem Haus in Strebersdorf, wo man einander am Abend immer wieder bei einem Glas Wein gesehen hat. Dann kam ich auf den Schafberg und wurde von der ersten Sekunde skeptisch beäugt, um nicht zu sagen angefeindet. Das war anfangs eine neue, kalte Welt für mich. Die einzigen Bekanntschaften, die ich machte, entstanden durch meine Hunde. Ich lernte so nette Leute kennen, die mich auch psychisch sehr unterstützt haben. Mit einigen sind wir heute befreundet. Es war so, dass wir die Ersten am Schafberg waren, die moderne neue Häuser gebaut haben, sozusagen Eindringlinge, die alles verändern. Das hat sich mittlerweile aber geändert, es gibt sehr viele neue und moderne Häuser am Schafberg, es hat ein Generationenwechsel stattgefunden.

Wir haben mittlerweile einige Nachbargrundstücke dazugekauft. Unsere Sorge war immer, da die Grundstücke so groß waren, dass diese einem Bauträger in die Hände fallen und dann eine Siedlung neben unserem Paradies entsteht.

Ohne Friedrich hätte ich schon längst aufgegeben. Ich hätte das alles alleine nicht durchgestanden. Das lockere Leben hörte durch den Fall bei uns auf. Immer nur Akten, Akten und Akten sowie ständige Besprechungen. Selbst im Urlaub waren immer Unterlagen mit und Telefonkonferenzen und Telefonate standen an der Tagesordnung.

Wirklich entspannen können wir nur, wenn wir ganz weit weg sind. Das ist die einzige Möglichkeit, wo Friedrich selbst seinen Laptop weglegt. Er fährt sehr gerne weg, weil er einfach zu Hause nicht abschalten kann.

Aber vielleicht ändert sich das ja in absehbarer Zeit, wenn wir endlich zu unserem Recht kommen.

DAS GEBOGENE RECHT

EIN GESETZ ALS WAFFE

Die Baupolizei nutzt den schwammigen
Gesetzestext, um immer wieder
Exempel zu statuieren

Betrachtet man unseren Fall aufmerksam, kommt man zu einem simplen Schluss: Das Wiener Kleingartengesetz, wie es 1996 beschlossen wurde, ist – pardon – Schrott. Es wurde mit nur 23 Paragrafen erstellt, während andere Gesetze oftmals Hunderte Paragrafen beinhalten, ein offensichtlicher Schnellschuss, um den Wildwuchs im Schrebergarten einzudämmen. Politik und Behörden mussten es bereits mehrfach nachschärfen, weil sie es anfangs nicht durchdacht geregelt haben.

Ein schwammiges Gesetz als Waffe der Baupolizei.

Trotzdem wird es heute gerne als „Waffe der Baupolizei" genutzt, auf deren Basis alle Jahre wieder einmal ein, zwei Häuser mediengerecht abgerissen werden, um mit dem Zaunpfahl zu winken, wie aktiv in der Stadt Wien gegen Bausünder vorgegangen wird. In Wirklichkeit gibt es zahlreiche Abrissbescheide, die nicht vollstreckt werden. Ein befreundeter Immobilienunternehmer hat in Wien ein ganzes Stockwerk zu hoch gebaut – die Causa ging eine Weile hin und her, dann wurde die Angelegenheit konsensual gelöst.

Auch der Fall Muzicant ging mit seinen Bauverstößen durch die Presse, wurde aber kurzfristig – ohne Umbau oder Abbruch – gelöst.

Bei uns wurde jeder Versuch, einen Konsens zu erlangen, abgewürgt.

Der Präsident des Verwaltungsgerichtshofes: „Es muss einmal ein Ende geben."

Vor Kurzem hatten wir bei einer Einladung Gelegenheit, den Präsidenten des Verwaltungsgerichtshofes bei einem Glas Wein persönlich zu sprechen. Es war ein Anwalt bei diesem Gespräch anwesend, und wir haben – nicht auf unseren Fall bezogen, sondern auf das System – gefragt, was in einer solchen Causa wie der unseren passiert.

Er überlegte kurz und sagte schließlich wörtlich: „Es muss in der Rechtsprechung irgendwann einmal ein Ende geben." Dann fügte er hinzu: „Wer ist schon vollkommen?"

Anders gesagt: Selbst wenn ein Urteil falsch ist, ist es eben falsch. Das gilt auch für Höchstgerichte. So ist das Leben.

DAS GEBOGENE RECHT

IST DA JEMAND?

Wenn eine Stadt plötzlich untertaucht

Wie Sie in den vorherigen Kapiteln sehen konnten, ist unser Fall mehr als komplex. Aber abseits der juristischen Ebene ist er vor allem auch ein Sinnbild für die Art und Weise, wie eine Millionenstadt wie Wien mit heiklen Causen umgeht.

- Ein Wiener Landesgesetz dürfte verfassungswidrig sein. Wie reagieren die Verantwortlichen darauf? Gar nicht. Eine Stadt taucht unter, vertuscht und mauert.

Obwohl unsere Anwälte die Stadt Wien mehrfach schriftlich darauf hingewiesen haben und auch in mehreren Verfahren Beweise vorlegten, dass diese für uns so entscheidende Passage im Wiener Kleingartengesetz so nie beschlossen worden ist, wurden die Beweismittel einfach negiert, Einsichten in den Gesetzgebungsakt vehement verhindert, dafür mit unglaublicher Härte und ohne Angemessenheit der Abbruch forciert.

- Führende Politiker der Stadt Wien ebenso wie der Wiener Bürgermeister Michael Häupl blieben trotz mehrfacher Urgenzen seit Jahren eine Stellungnahme schuldig. Es scheint, als sollte die Angelegenheit vertuscht werden.

- Die dem Bürgermeister unterstehende Magistratsdirektion der Stadt Wien hat eine objektiv falsche Stellungnahme an den Verfassungs- und den Verwaltungsgerichtshof abgegeben, was zu einem Urteil dieser Gerichte führte, das es bei Kenntnis des wahren Sachverhalts so wohl nie gegeben hätte.

- Eine durch den renommierten Anwalt Werner Sporn am 25. September 2012 eingebrachte Strafanzeige in Form einer Sachverhaltsdarstellung – vorerst noch gegen unbekannt – wegen Verdachts nach §§ 108 (Täuschung) und 302 (Amtsmissbrauch) StGB bei der Wirtschafts- und Korruptionsstaatsanwaltschaft wurde in Rekordzeit abgewürgt, ohne dass sich der zuständige Staatsanwalt überhaupt den Akt kommen ließ.

In der 25-seitigen Strafanzeige samt umfassenden Beilagen, die von der Staatsanwaltschaft Wien zur Aktenzahl 406 UT 718/12g geführt wurde, ist der Skandal minutiös in allen Einzelheiten aufgezeigt und belegt.

DAS GEBOGENE RECHT

Willkommen in der Wiener Realität!

Auch alle anderen Versuche, endlich Licht ins Dunkel unseres Falles zu bringen, endeten im Nichts.

Im Februar 2012 stellten unsere Anwälte dem Wiener Landtag eine simple Frage, die klären sollte, ob jener Satz im Wiener Kleingartengesetz – der für meinen Fall entscheidend ist – tatsächlich beschlossen wurde. Seit damals windet sich der Erste Präsident des Wiener Landtags, Harry Kopietz, vor der Antwort. Denn Fakt ist: Dieser Satz wurde nachweislich nie im Landtag beschlossen und ist daher verfassungswidrig. Doch die Stadt Wien will es – wohl aus Angst vor den rechtlichen Folgen – nicht eingestehen.

Vier Punkte also dominieren unseren Rechtsstreit, die jeder nachvollziehen kann und die in einem Rechtsstaat eigentlich unmöglich sein sollten:

1. Obwohl die Rechtslage unverändert blieb, wurden uns für die gleichen gekuppelten Häuser Bewilligungen, für die wir zwei Meter weiter nördlich bereits Genehmigungen erhalten hatten, aus den verschiedensten fadenscheinigen Gründen versagt.
2. Die Entscheidung des Verwaltungsgerichtshofs vom März 2011 ist faktisch falsch. Sowohl die MA 37 als auch Wiens Stadtrat Michael Ludwig widersetzen sich dieser Entscheidung – außer in unserem konkreten Fall. Die

Argumentation des Höchstrichters, dass die Geländeveränderung nicht erlaubt war, weil sie im § 7 des Wiener Kleingartengesetzes nicht explizit angeführt wurde, würde bedeuten, dass alle Baumaßnahmen, die nicht in § 7 angeführt sind, verboten wären. Darunter fielen zum Beispiel alle 34 in der Wiener Bauordnung angeführten – an sich bewilligungsfreien – Baumaßnahmen. Derselbe Richter hat selbst einen Kommentar zur Wiener Bauordnung verfasst, in dem diese für uns so negative (und unhaltbare) Argumentation jedoch totgeschwiegen wird. Vielleicht weil er weiß, dass sie unrichtig und unhaltbar ist?
3. Die kategorische Verweigerung der Erlaubnis zur Einsichtnahme in den Gesetzgebungsakt nicht nur uns gegenüber, sondern sogar gegenüber Landtagsabgeordneten, die das Gesetz selbst beschlossen haben.
4. Die den Tatsachen widersprechenden Stellungnahmen der Magistratsdirektion an den Verwaltungs- und Verfassungsgerichtshof, die einen unglaublichen politischen, aber auch juristischen Skandal bedeuten.

Das sind nochmals zusammengefasst die wesentlichen Fakten dieses jeder Logik entbehrenden Falles.

Weiß das Wiens Bürgermeister Michael Häupl eigentlich alles?
Duldet er es?
Oder schafft er es sogar an?

Und was sollen wir als mündige Bürger nun daraus lernen?

DAS GEBOGENE RECHT

WOLLEN WIR EINE SOLCHE POLITIK?

Das Kreuz an der richtigen Stelle

> *„Ein Politiker teilt die Menschheit*
> *in zwei Klassen ein: in Werkzeuge*
> *und Feinde. Das bedeutet, dass er*
> *nur eine Klasse kennt: Feinde."*
> *Friedrich Wilhelm Nietzsche*
> *(1844–1900)*

Die Sozialdemokratische Partei trägt zwei wesentliche Attribute ihrer politischen und weltanschaulichen Ausrichtung bereits im Namen: „sozial" und „demokratisch".

Wenn Sie dieses Buch gelesen haben, werden Sie wohl wie ich und viele andere Menschen zum Schluss kommen: Das Verhalten der verantwortlichen Behörden und Politiker der Stadt Wien in diesem Fall war bislang weder „sozial" noch „demokratisch".

Perfide, präpotent, machterhaltend.

Es war wohl irgendwie zwischen perfide, verlogen, hinterhältig, rechtsbeugend, präpotent, machterhaltend und schadenfroh anzusiedeln.

Wir haben dieses Buch nicht verfasst, um unseren persönlichen Fall öffentlich zu beklagen. Was wir tatsächlich wollen, ist, die unglaubliche Überheblichkeit und Selbstherrlichkeit der Politik und der Beamten in der Stadt Wien offenzulegen, wo Recht gebeugt und beliebig verdreht wird, je nachdem, wie es von Nutzen ist.

In einer Politik, wo Wahrheit keine Relevanz mehr hat, wo selbst die Achtung vor Höchstgerichten nicht mehr besteht, die man bewusst falsch informiert, wo willfährig und in vorauseilendem Gehorsam Existenzen zu vernichten versucht werden, wo Recht kein Recht mehr sein kann, da ist die Zeit gekommen, als Bürger aufzustehen und aufzubegehren.

Was uns passiert ist, kann jedem anderen in Wien auch widerfahren. Schon morgen können Sie aus reiner Willkür zum Opfer der Behörden werden, mit unlauteren Mitteln gejagt und im Fadenkreuz einer unglaublichen Macht: vielleicht nicht im Kleingarten, sondern im Gemeindebau, im Job, im persönlichen Leben.

DAS GEBOGENE RECHT

Es gibt ein legitimes Mittel, wie sich Bürgerinnen und Bürger in Wien gegen eine solche Politik wehren können, die schon lang nichts mehr zu tun hat mit den hehren Idealen und Motiven eines Victor Adler. Einer Sozialdemokratie, die in der Vergangenheit viel Gutes für diese Stadt getan hat.

Dieses Mittel ist die Wahl. Am 11. Oktober 2015 wird in Wien ein neuer Landtag gewählt. Dann stehen alle jene Politiker und damit auch ihre Behördenvertreter auf dem Prüfstand, die sich jetzt noch in ihrer machiavellistischen Rolle gefallen.

An diesem Tag – ebenso wie bei allen kommenden Wahlen – haben Sie die Möglichkeit, dieser Politik ein Ende zu bereiten: durch ein Kreuz an der richtigen Stelle.

Das ist unsere Botschaft an Sie. Und die Lehre aus 13 Jahren Kampf gegen die Stadt Wien.

EPILOG
WAS IST GERECHTIGKEIT?

Rechtsstaatliche Erwägungen von
Rechtsanwalt Dr. Adrian Hollaender

„Die Gerechtigkeit wohnt in einer Etage, zu der die Justiz keinen Zutritt hat", heißt es in Friedrich Dürrenmatts Roman „Justiz". Manch einer mag sich auch im realen Leben in Dürrenmatts Welt versetzt fühlen. Denn immer dann, wenn justizielle und behördliche Entscheidungen für den Betroffenen nicht mehr nachvollziehbar zu sein scheinen, steht die Kongruenz zwischen Justiz und Gerechtigkeit in Frage.

Grundsätzliche Gesetze der Logik.

Es geht dabei weniger um subtile juristische Details als vielmehr um die jedermann zugänglichen grundsätzlichen Gesetze der Logik. Sich an diesen orientierend, sollte jeder zu einem klaren Ergebnis gelangen können. Gleichwohl erleben manche Bürger ein wahres Dickicht an Vorschriften, Ausnahmen, Analogien und dergleichen mehr, worunter die objektive Vorhersehbarkeit obrigkeitlicher Entscheidungsfindung leidet und es zugleich schwierig wird, das eigene Handeln danach auszurichten.

Wenn nun beispielsweise zwei Kleingartenbewohner ihr Handeln im Vertrauen auf den Rechtsstaat setzen, sich dann aber einer ganzen Reihe harscher Widrigkeiten ausgesetzt sehen, die sie in ihren grundrechtlichen Positionen erschüttern, bedarf es schon eines großen Maßes an Zuversicht, um weiterhin beharrlich ihre Standpunkte mit rechtsstaatlichen Mitteln zu verteidigen. Ein derartiges Verhalten verdient Respekt und Unterstützung.

Ein gerechtes Ergebnis.

Somit bestand für mich zu keinem Zeitpunkt ein Zweifel, dass es ein Gebot juristischer Aufrichtigkeit ist, diese Unterstützung auch zu leisten, soweit es im Rahmen der rechtsstaatlichen Gegebenheiten möglich ist. Denn die – bereits vom Vater unserer österreichischen Bundesverfassung Hans Kelsen fachliterarisch aufgeworfene – Frage, was Gerechtigkeit ist, sollte meines Erachtens so beantwortbar sein, dass das Recht im jeweiligen konkreten Lebenssachverhalt ein gerechtes Ergebnis liefert.

Wir wissen, dass dies in der Realität nicht immer so ist. Aber einen kleinen Beitrag dazu zu leisten, um Recht und Gerechtigkeit zumindest näher aneinanderrücken zu lassen, ist schon für sich allein genommen eine tiefgreifende Befriedigung im steten Bemühen um die Durchsetzung des Rechts!

QUELLEN:

1, 2, 3, 4, 5 – Zentralverband der Kleingärtner und Siedler Österreichs

6 – Rechtsgutachten zu Fragen der Zulässigkeit von Geländeveränderungen und der Bedeutung des „anschließenden Geländes" sowie der „bestehenden Höhenlage" iSd Wiener KleingartenG 1996, Univ.-Prof. Dr. Andreas Hauer, Institut für Verwaltungsrecht und -lehre der Johannes Kepler Universität Linz, Jänner 2007

WOLLEN SIE MEHR ZU UNSEREM
FALL ERFAHREN?

ALLE AKTUELLEN INFORMATIO-
NEN, DOKUMENTE, AKTIVITÄTEN,
URTEILE ZUM NACHLESEN UND
ALS DOWNLOAD FINDEN SIE AUF
UNSERER WEBSITE:

www.stadt-wien-skandal.at